电网企业管理人员胜任力实践研究

贵州电网有限责任公司培训与评价中心　编

中国水利水电出版社
www.waterpub.com.cn
·北京·

内 容 提 要

　　本书以电网企业管理人员为研究对象，提出构建管理胜任力模型的方法，并就管理胜任力模型在人力资源管理工作中的应用进行研究，主要内容包括概述、管理胜任力模型、管理胜任力模型构建的方案设计、管理胜任力模型的开发与构建、管理胜任力模型的修订完善与宣导，以及管理胜任力模型的应用。

　　本书能为人力资源从业者及企业管理人员提供有价值的信息、有用的工具表单以及有益的人才管理建议。

图书在版编目（ＣＩＰ）数据

电网企业管理人员胜任力实践研究 ／ 贵州电网有限责任公司培训与评价中心编. -- 北京 ： 中国水利水电出版社， 2018.11
　　ISBN 978-7-5170-7100-6

　　Ⅰ．①电… Ⅱ．①贵… Ⅲ．①电力工业－工业企业管理－研究－中国 Ⅳ．①F426.61

中国版本图书馆CIP数据核字(2018)第254579号

书　　　名	**电网企业管理人员胜任力实践研究** DIANWANG QIYE GUANLI RENYUAN SHENGRENLI SHIJIAN YANJIU
作　　　者	贵州电网有限责任公司培训与评价中心　编
出 版 发 行	中国水利水电出版社 （北京市海淀区玉渊潭南路 1 号 D 座　100038） 网址：www.waterpub.com.cn E - mail：sales@waterpub.com.cn 电话：(010) 68367658（营销中心）
经　　　售	北京科水图书销售中心（零售） 电话：(010) 88383994、63202643、68545874 全国各地新华书店和相关出版物销售网点
排　　　版	中国水利水电出版社微机排版中心
印　　　刷	北京瑞斯通印务发展有限公司
规　　　格	184mm×260mm　16 开本　9.25 印张　151 千字
版　　　次	2018 年 11 月第 1 版　2018 年 11 月第 1 次印刷
印　　　数	0001—1200 册
定　　　价	**49.00 元**

凡购买我社图书，如有缺页、倒页、脱页的，本社营销中心负责调换

版权所有·侵权必究

本 书 编 委 会

主　　编　冉红兵　邹晓敏

副 主 编　袁国龙　杨　冰　郭　可

参编人员　向永康　董　旭　罗青中　陆慧柯　潘韵如

　　　　　戚　琳　周星云

前 言
QIANYAN

　　市场竞争、技术变革以及全球化产业布局给企业的生存与发展带来前所未有的挑战，对每一家企业来说，战略指向的正确性和管理行为的有效性都显得至关重要。然而，所有这些相应措施都离不开企业员工，离不开人力资源，因为企业员工是一切企业行为的最终载体，而管理人员正是其中最重要的执行力量。

　　管理人员作为电网企业的中坚力量，他们的发展关乎着企业的发展。在如何对管理人员进行评价的方法上，可谓是多种多样，也有很多将胜任力模型引入企业中的，然而将胜任力模型引入电网企业，对电网企业管理人员进行评价的还比较少。

　　战略的实现依赖组织，组织依赖人才，人才依赖胜任力，胜任力是战略落地、组织文化和价值观的具体体现，是提升战略执行力的关键。而胜任力模型则是组织进行人才胜任力管理的有效工具。以胜任力模型为基础的人力资源管理系统是人才管理的核心。

　　本书以电网企业管理人员为研究对象，提出构建管理人员胜任力模型的方法，并就胜任力模型在人力资源管理工作中的应用进行研究。第一章从管理胜任力模型构建的背景和意义出发，说明了构建管理人员胜任力模型符合党的十八大提出的人才发展战略，能够提高电网企业人力资源管理水平。第二章则对管理胜任力模型进行简要的概述，包括胜任力、胜任力模型以及管理胜任力模型。第三章对管理人员胜任力模型构建的方案进行设计，包括项目方案的设计、前期准备以及构建模型的原则和方法。第四章对管理胜任力模型进行开发与构建，包括胜任力模型构建的思路和步骤，以及针对一般胜任力模型的三个维度——知识、技能、潜能进行分类构建，最终确立管理胜任力模型。第五章则是对第四章建立的管理胜任力模型的修订完善与宣导，使相关的胜任力素质都尽可能地被包括进来，起到查缺补漏的作用。第六章是本书的最终落脚点，胜任力模型不是理论，而是分析工具，工具只有使用才能发挥它应有的价值，因此第六章通过对管理胜任力模型的应用进行系统的阐述，使电网企业管理胜任力模型的研究形成优化回路。

本书汇集了业内标杆企业在基于胜任力的人才管理方面的操作理念和实践，凝结了电网企业十几年企业人才管理的精华，是电网企业和行业标杆企业长期致力于人才管理研究和应用实践的成果荟萃。可以说，这是一本集权威性、实用性、全面性于一体的胜任力实践手册。

希望本书能为人力资源从业者及企业管理人士提供有价值的信息、有用的工具表单以及有益的人才管理建议，并通过管理胜任力模型构建示例，帮助大家将胜任力理念应用到工作实践中，打造企业卓越胜任力，创造卓越绩效和业绩。

最后，需要明确的是，本书的一些创新做法也是在他人研究成果的基础上得以完成的，在此一并表示感谢！由于管理领域发展快，创新多，且本人理论水平有限，时间仓促，书中难免存在思考不成熟之处，望各位读者予以指正。

编者

目录
MULU

第一章 概 述

任何研究的提出都是基于特定的背景之上，因此本章首先基于两个方面论述了管理胜任力研究的背景；其次从理论和实践两个方面论述了电网企业构建管理胜任力模型的意义；最后对电网企业管理人员胜任力的研究现状和必要性进行讨论。

第一节 管理胜任力模型构建的背景和意义

一、管理胜任力模型构建的背景

1. 党的十八大提出人才发展战略

党的十八大报告强调，干部的选拔要坚持德才兼备、以德为先，坚持注重实绩、群众公认，深化干部人事制度改革，使各方面优秀干部充分涌现、各尽其能、才尽其用。习近平总书记在全国组织工作会议上也多次指出要努力做到选贤任能、用当其时，知人善任、人尽其才，把好干部及时发现出来、合理使用起来，对"怎样是好干部""怎样成长为好干部""怎样把好干部用起来"提出了一系列新理念和新要求，指出要着力培养选拔党和人民需要的好干部，建设一支宏大的高素质干部队伍。

2014年，中共中央印发了《党政领导干部选拔任用工作条例》修订版，修订版体现了中央对干部工作的新精神、新要求，是做好党政领导干部选拔任用工作的基本遵循，也是从源头上预防和治理选人用人不正之风的有力武器，主要强调各级党委及组织部门要坚持党管干部原则，坚持正确用人导向，坚持德才兼备、以德为先，坚持从严管理干部，优化干部选拔程序。

2. 电网企业人力资源管理水平有待提高

电网企业作为国有企业，长期以来一直在计划经济的体制下运作。虽然已经进行了一些管理体制的变革，但很多电网企业的人力资源管理还是停留在劳资、人事管理的阶段，存在着国有企业的诸多通病。对比国外先进的电网企业以及国内的一些优秀企业，我国电网企业人力资源管理在许多方面还存在较大差距，主要表现在以下三个方面：

（1）人力资源管理理念落后，没有走出传统观念的误区。由于电网企业处于计划经济体制下的垄断地位，市场化程度低，没有建立起有效的人力资源管理机制，人力资源管理工作行政化、形式化问题严重，往往只是贯彻上级指令，缺乏创新意识。从管理的形式上来看，管理还是以"事"为中心，缺乏"以人为本，以能为本"的管理理念。

（2）没有重视管理层能力的提高。工作中只强调开发员工潜能，忽视了管理者自身能力的提高。"将帅无能，累及三军"，如果管理者自身没有更新观念，只用老一套的方法、制度来要求员工，必将导致人力资源开发与管理工作陷入困境，企业发展困难重重。因此，选拔和培养优秀的管理人员是提高整个电力企业管理水平的有效措施和必要途径。

（3）存在"带病提拔""带病上岗"问题。目前电网企业还存在"带病提拔""带病上岗"问题，这也引发了电网企业干部管理人员的相关思考，反思公司在干部选拔规范化、流程化的基础上，提高干部考察科学性与有效性的思考，进一步完善干部选拔任用机制，坚决防止和纠正"带病提拔""带病上岗"的问题，选准干部，选好干部，为公司打造"政治过硬、业务过硬、责任过硬、纪律过硬、作风过硬"的干部队伍夯实基础。

基于此，本书希望通过对国内电网企业进行现场访谈、问卷调研、资料研读等方式构建管理胜任力模型，力求通过构建管理胜任力模型，最大程度解决现有的电网企业存在的人才选拔问题，杜绝"带病提拔""带病上岗"问题。基于胜任特征的战略人力资源开发研究是近30年来管理学、工业与组织心理学、人力资源管理等学科领域研究的热点问题。胜任特征的理论研究和实践应用风靡美国、英国等西方国家，许多著名公司如A&T、IBM等都已经建立起了自己的胜任特征体系。对北美企业的一项调查显示，将企业战略与胜任特征密切结合，并将胜任特征的概念应用到员工招聘、培训与开发、绩效管理等各个环节，其股东回报率是没有应用胜任特征的企业的3倍。

二、管理胜任力模型构建的意义

1. 丰富了国内胜任力理论体系和知识

目前国内外胜任力模型的研究已经具备一定的规模，但是针对电网企业的管理胜任力研究相对匮乏。而从已有的研究来看，大部分管理胜任力模型都聚焦于管理人员的冰山下的潜能，较少关注冰山上的部分。本书旨在建立电力企业的各级管理人员胜任力模型，在以潜能为主的基础上，兼顾冰山上的知识、技能部分，在一定程度上弥补了国内对电网企业管理胜任力研究的不足，丰富了国内胜任力理论体系和知识。

2. 有利于全面建设小康社会

国以才立，政以才治，业以才兴。历史反复印证着这样一个道理：一个政党，一个民族，一个国家，能不能培养出优秀的人才，能不能呈现人才辈出、才尽其用的局面，在很大程度上决定着这个政党、这个民族、这个国家的兴衰存亡。人力资源是第一资源，人才发展是首要发展。我国已经提出到 2020 年要全面建设小康社会，到 2050 年基本实现现代化，这就要求必须从"人口红利"转向"人才红利"，从"资本中国"转向"人才中国"，从主要依靠简单的劳动投入和资源环境投入，向主要依靠科技创新、产业创新、管理创新以及体制机制创新转变。因此本书通过对管理胜任力模型构建的研究，从一个新的角度对人才进行管理，以期为我国电网企业选拔、任用、培养和考核管理人员提供指导，从而优化整个电力企业人才发展，为我国全面建设小康社会做出贡献。构建胜任力模型，大力培养造就高素质人才，是全面建设小康社会、开创中国特色社会主义事业新局面的必然要求，是构建社会主义和谐社会的有力工具。

3. 有利于电网企业人才发展

一个先进的管理胜任力模型能够作为组织从事员工培训、改善员工绩效水平，在选拔中定义能力以及其他人力资源管理的基础。

从电力企业的角度来看，胜任力模型是推进企业核心能力构建和进行组织变革、建立高绩效文化的有效推进器；有利于企业进行人力资源盘点，明晰目前能力储备与未来需求之间的差距；建立一套标杆参照体系，帮助企业更好地选拔、培养、激励那些能为企业核心竞争优势构建做出贡献的员工；可以更加有效地组合人才，以实现企业的经营目标；便于企业集中优势资源用于最急需或对经营影响重大的能力培训和发展；建立能力发展阶梯；便于企业内部人员的横向调动和纵向发展，可以更有效地进行员工职业发展路径的规划。

从企业管理人员的角度来看，胜任力模型为管理人员指明了努力的方向，使其明白做事方法与做事内容同样重要；了解自己与岗位要求的差距，明确培训需求，鼓励针对个人的技能增长进行激励，可以帮助他们更好地提高个人绩效；了解并实践与企业经营战略相一致的人力资源管理体系。

第二节 管理人员能力建设

一、电网企业管理人员胜任力研究现状

1. 胜任力研究现状

胜任力研究现状如图 1-1 所示。

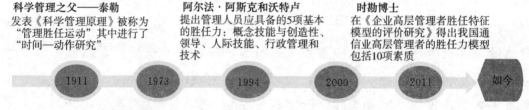

图 1-1　胜任力研究现状

胜任力模型属于现代企业人力资源管理的专有词汇，把担任某一个特定的任务角色必须具备的胜任力总和称之为"胜任力模型"，胜任力模型就是对组织或者部门的成就卓越者所需要的胜任力特征的书面表述。从方法论的角度将其定义为：从不同层次对员工核心能力进行定义和描述相应层次的行为，从而确定关键胜任能力和完成某项特定工作所需求的熟练程度。

有关员工胜任力的研究最早可追溯到"科学管理之父"泰勒对"科学管理"的研究，即"管理胜任力运动"（management competencies movement）。泰勒通过动作分析，研究人的职业活动，识别工作对能力的要求和差异。他认

为，可以按照物理学原理对管理进行科学研究，他所进行的"时间—动作研究"就是对胜任力进行的分析和探索。

1970 年，麦克利兰与 McBer 咨询公司合作，甄选美国的国外服务信息官，在这个过程中他第一次使用到了胜任力模型的概念，把被测试的人员按照绩效优秀与否分为两个组，采用行为事件访谈法收集两个样本组中服务信息官的关键行为，根据这些行为研究出了一种分析方法，用它来识别区分两组人的胜任力关键要素，并认为这就是导致人员绩效优秀的决定性因素。1973 年，麦克利兰在《美国心理学家》杂志上发表了名为《测量胜任力而非智力》的文章。在文章中，他引用大量的研究发现滥用智力测验来判断个人能力存在不合理性，他指出"学校成绩不能预测职业成功，智力和能力倾向测验不能预测职业成功或生活中的其他重要成就，这些测验对少数民族不公平"等，并进一步说明那些人们主观上认为能够决定工作成绩的一些人格、智力、价值观等方面因素，在现实中并没有表现出预期的效果。

随后，麦克利兰受美国国务院外事局之托，寻找新的研究方法以预测人的绩效，减少传统智力和能力测试的偏见和误差。他第一次将他的理论运用于外交官和情报官员的选拔，设计了一项人力资源评价技术——"行为事件访谈法"（behavior events interview，BEI），并运用了奠定胜任力方法基础的一些关键性理论和技术。

麦克利兰于 1973 年提出了一个著名的素质冰山模型，所谓冰山模型，就是将人员个体素质的不同表现划分为表面的"冰山以上部分"和深藏的"冰山以下部分"，如图 1-2 所示。

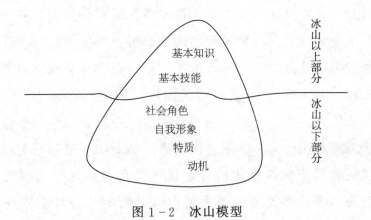

图 1-2　冰山模型

其中，"冰山以上部分"包括基本知识、基本技能，是外在表现，是容易了解与测量的部分，相对而言也比较容易通过培训来改变和发展。而"冰山以下部分"包括社会角色、自我形象、特质和动机，是人内在的、难以测量的部分，它们不太容易通过外界的影响而得到改变，但却对人员的行为与表现起着关键性的作用。冰山模型成为胜任力模型的理论基础。

　　1982 年，Boyatzis 完成了第一本有关胜任力模型的著作，他认为，清楚地定义胜任力比强调导致优秀绩效个体的特征更有价值。他认为清楚界定的胜任力在反映特别行为时可以清楚地定义绩效结果。他通过工作需要、组织所处环境、个人的胜任力三个影响绩效的层面扩展了胜任力模型，提出如果其中的任何两个方面是连续的或者恰当的，就可能达到有效的绩效，Boyatzis 的管理胜任力模型表现的是个体执行工作和他的所处环境之间非常复杂的相互作用。

　　阿尔法・阿斯克和沃特卢提出管理人员应具有的 5 项基本的胜任力包括概念技能与创造性、领导、人际技能、行政管理和技术。Perdue、Ninemeier、Woods（2000）对美国俱乐部经理协会的从业者教育项目中的 CCM（certified club manager）考试内容进行分析，对那些被认为对于成功的俱乐部管理很重要的胜任力进行了再评价，得出最重要的和使用频率最高的 10 个胜任力，如预算、财政陈述、员工关系、沟通等。

　　我国学者对员工胜任力的研究最近几年才兴起，起步相对较晚。学者们对"competency"的翻译不尽相同，以王重鸣为代表的学者倾向于译为"胜任力"或"胜任能力"；而以时勘为代表的学者则将其译为"胜任特征"或"胜任素质"。

　　时勘主持的"企业高层管理者胜任特征模型的评价研究"科研项目获得了国家自然科学基金赞助奖。时勘教授的课题小组主要运用行为事件访谈法的原理，先由专家组确定效标样本的选择标准，根据标准在全国电信系统挑选了陕西、湖北、安徽、北京等地 20 名通信业高层（局级）管理干部，然后将所选的相关人员分成优秀组和普通组，由经验丰富的心理学工作者根据事先设计的行为事件访谈纲要对所选人员分别进行访谈。整个访谈过程采用双盲设计，即访谈者和被访谈者都不知道被访谈者是属于优秀组还是普通组。研究结果显示，我国通信业高层管理者的胜任力模型包括影响力、社会责任感、调研能力、成就欲、领导驾驭能力、人际洞察力、主动性、市场意识、自信、识人用人能力。

王重鸣、陈民科从管理素质和管理技能两个方面，对正、副总经理两类高层管理者的胜任力进行了区分。其中，总经理的管理素质包括价值倾向、诚信正直、责任意识和权利倾向，而副总经理的管理素质中并不包括诚信正直这项能力；总经理的管理技能包括协调监控、激励指挥、战略决策、开拓创新，而副总经理的管理技能则包括战略决策、经营监控和激励指挥。

姜海燕（2005）提出了评价体系的构建思路，并指出岗位胜任能力评价体系主要有评价主客体、评价标准、评价方法、评价尺度、评价过程、结果应用6个子系统组成。

2. 电网企业胜任力模型研究现状

在知识经济时代，企业竞争的核心是人才的竞争，另外，电力技术的快速发展对电网企业员工的能力提升提出了新的要求。这一目标要求电网企业人才评价对员工的能力定位，构建适应企业实际的评价体系，使组织能够得到有效而健康的发展。本书通过对电力评价体系的现状和发展进行了深入分析，构建一个"以员工为本，注重能力""一体化、精益化"的岗位胜任能力评价体系，积极地、系统地推动电力企业人才建设的科学有序开展。

岗位胜任能力评价存在的问题受到传统人事管理思维局限性的影响，一些电网企业的岗位胜任能力评价体系建设不完善，存在着许多不足，主要表现在以下方面：

（1）尚未形成完整的岗位胜任能力评价制度配套体系。电网企业很多尚未编制岗位胜任能力评价管理制度，相应的奖惩、激励等配套制度尚不完整，企业在评价过程中，未能严格按照评价制度的规范进行操作，所以电网企业的评价制度还有待完善，并加强执行力度。

（2）评价组织结构不清晰，职能不明确。首先，许多电网企业的岗位胜任能力评价组织沿用了原有的人力资源组织机构，导致各级机构的分工不明确；其次，作为评价实施的关键人员，评价专家队伍建设系统性不足，评价专家个人素质也有待提高；再次，各业务部门之间缺乏有效地沟通协调机制，影响评价工作的整体有效执行。

（3）评价标准建设流程与方法有待提升。评价标准建设依据规范性文件进行建设，评价标准编制是以岗位关键业务的技能鉴定要求为基础的，但是，在实际的应用过程中，反映出评价内容与岗位核心工作不相符的情况。

（4）评价试题库未实现规范化、信息化。由于评价试题库的编制没有统一规范的标准，导致电网企业各层级的试题库存在较大的偏差。试题库建设未能实现信息化，导致开发成本偏高，另外，潜能维度的试题库建设还较为欠缺，尚未明确该部分的建设流程与方法。

（5）评价系统与设备缺乏。由于某些企业的硬件设备缺乏，从而限制了对技能评价项目的选择，评价体系的系统功能不齐全，不能很好地支持评价的高效开展。

由电网企业胜任力模型现状可知，对于电网企业的胜任力研究还有待进一步完善，因此本书以电网企业管理人员为研究对象，研究电网企业管理人员胜任力模型。

二、管理人员胜任力研究的必要性

国家之间的竞争就是综合国力的竞争，在经济全球化的今天，综合国力竞争实质上是大型企业之间的竞争，但归根到底是高素质人才的竞争。管理人员作为公司的"大脑"，管理员工的能力建设事关电网公司发展的大局。因此，深入研究和把握人力资源工作规律，充分借鉴国内外科学管理成果，不断改进人力资源工作的手段和方法，提升人力资源工作的科学化水平，具有重要的理论和现实应用价值。构建管理人员胜任力模型，作为管理人才选拔、培养和考核等管理工具，是推进人力资源管理科学化、实现人力资源升级的积极探索与创新。

从管理人员能力建设的功能定位上来看，本书认为：没有胜任力，对上就没有承接公司战略的执行力，对下也没有让战略落地的领导力。

流程、技能和意愿构成了执行力、领导力的基本要素，是管理人员胜任能力的外化表现。管理人员胜任力与公司战略、执行力、领导力之间构成三角关系，各边边长越长，三角形面积越大，管理人员的执行力、领导力就越强；相反，如果把三角形的任意一边朝内移动，三角形的一边变短，面积也变小，其他两边即使很长也产生不了效用，整体执行力、领导力也就下降。执行力、领导力，在这里专指管理人员贯彻战略思想、方针政策和制订方案计划的操作能力与实践能力，其结果将直接影响着电网企业公司经营目标的实现。执行力和领导力的三个核心要素是人员、战略和运营。所谓战略，就是做正确的事；运营，则是把事做正确；而人员，就是用正确的人。而这三者之间的匹配程度决定了组织内部执行力和领导力的强弱。人员的挑选与提拔要参考组织战略与运营计划，运营流程则又须考虑人员与战略问题，而战略的制定则又须建立在合适的人员与良好的运营上。总之，这三项流程彼此联结，相互依赖。

人员、战略、运营匹配程度的渐进表现，如果三者完全不匹配，则组织内部的执行力和领导力为零，随着三者匹配程度的提高，即图1-3中阴影部分面积增大，组织内部的执行力和领导力则不断增强。

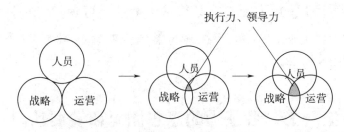

图1-3 管理人员执行力、领导力三大流程组合图

管理人员既是执行者，又是领导者。相对于公司高层"做正确的事"的定位来说，管理人员的定位则是"把事做正确"；相比下层员工"把事做正确"的定位来说，作为管理人员又应该是"做正确的事"。传统的管理者角色理论是适应于传统组织环境条件下的管理活动。随着经济全球化和信息化的发展，企业之间的竞争也日趋激烈。管理人员角色理论应随着管理实践和管理理论的发展不断地加以丰富和完善。战略推动者、核心能力培育者、资源整合者、组织文化传播者、社会责任倡导者等都是对管理人员角色的新发展。

为了实现"承接战略，以胜任力强化执行力；战略落地，以胜任力促进领导力"的目标，本书提出了构建管理人员胜任力模型以促进全面人才能力建设的设想。

第二章　管理胜任力模型

管理胜任力模型，就是个体为完成某项工作、达成某一绩效目标所应具备的系列不同素质要素的组合，分为内在动机、知识技能、自我形象与社会角色特征等几个方面。这些行为和技能必须是可衡量、可观察、可指导的，并对员工的个人绩效以及企业的成功产生关键影响。本章主要对胜任力、胜任力模型、管理胜任力模型进行详尽的介绍。

第一节　胜任力的思想渊源和发展动向

本节对胜任力的思想渊源和发展动向做了系统的归纳和总结：人力资源管理思想演变的三个阶段揭示了管理的重点逐渐转移到人力资本及其本身的能力因素上；"人"逐渐成为企业竞争的核心优势，人才管理阶段成为人力资源管理发展的必然阶段；人才的心理流程再造为人力资源管理提出了新的思路；详细阐述了胜任力模型的思想渊源、应用及研究成果，胜任力模型的研究及"人—岗—组织"匹配模型的研究成为胜任力模型研究的新方向。

一、人力资源管理思想演变的三个阶段

现代人力资源管理理论的发展经历了三个阶段：以经济人假设为基础——物本管理；以社会人假设为基础——人本管理；以能力人假设为基础——能本管理。

1. 物本管理

第一代人力资源管理理论——泰勒式科学管理模式的基础和前提是传统的"经济人"假设。这种管理模式的特点是重物轻人，把人当做工具，甚至当做机器的附属物来管理，并且要求人去适应机器。它是"物本管理"的代表，它把企业看做是一个"大机器"，而把企业的员工当做这一机器中的"零部件"。

显然，泰勒式科学管理模式无法充分发挥人的潜能和创造力。

　　2. 人本管理

　　第二代人力资源管理理论是以"社会人"假设为基础和前提的"人本管理"。这种"人本管理"理论认为在不同管理模式背后起主导作用的因素是企业文化的差异，文化对管理具有极其重要的作用，企业不仅仅是一个单纯的经济组织，人也不再单纯是创造财富的工具，而是企业最大的资本和财富。"人本管理"理论强调，对物的管理需要通过对人的管理来实现，这样就确立了人在企业财富创造中的决定性地位和作用。这一理论在企业管理中的应用，有利于推动人力资源的资本化。但是该理论未能充分研究如何挖掘和激发人的创造力，因而未能对员工能力的培养及其个人价值的自我实现提供有效的指导。

　　3. 能本管理

　　第三代人力资源管理理论是以"能力人"假设为基础和前提的"能本管理"。其核心就是以人的知识、智力、技能和实践创新能力为内容，以人的能力、智力为管理理念。其实质就是建立一种"各尽其能"的运作机制。它通过采取有效的方法，最大限度地发挥人的能力，从而实现能力价值的最大化，把能力这种最重要的人力资源作为企业发展的推动力量，并实现企业发展的目标以及组织创新。它不同于传统的泰勒式管理模式中的"物本管理"，是"人本管理"理论的升华。

　　一些学者提出，"人本的关键是人的能力，即人可以在管理过程中作用于物的力量，或者说是能力资源"，因此，他们主张以能力为本的"能本管理"，并认为"能本管理"是更高阶段、更高层次和更高意义上的"人本管理"，是"人本管理"的新发展。所以在管理实践中，不仅要确立"人本管理"思想，更为重要的是要认识"能本管理"的新思想，不断提升人的智能，提高企业员工的创新能力，实现以人的能力为核心的管理升华。

　　管理理念是支撑组织运作和发展的核心文化精神，是组织文化的深层价值观。"能本管理"的理念以人的能力为本，其总的目标和要求是：通过采取各种行之有效的方法，最大限度地发挥每个人的能力，从而实现能力价值的最大化，并把能力这种最重要的人力资源通过优化配置，形成推动企业和社会全面进步的巨大力量。其主要内容表现在以下方面（图 2 - 1）：

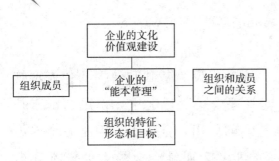

图 2-1 "能本管理"内容结构

第一，对企业的文化价值观建设而言，它要求价值观应当建立在能力价值观的基础上，要以能力价值观为主导来支撑和统领其他价值观。

第二，在处理组织和成员之间的关系上，它要求组织既要倡导每个人要通过充分正确发挥其创造能力，为组织、国家、社会以及人民多作贡献，实现个人的社会价值，也要求组织为每个人能力的充分正确发挥提供相对平等的舞台、机会和条件，从而促进个人和组织共同发展。

第三，它对组织的特征、形态和目标的要求是努力消除"人情关系""权本位"和"钱本位"在组织中的消极影响，积极营造一个"能力型组织"及其运行机制。

第四，它对组织成员的要求是各尽其能，各尽其才，各尽其用，通过自觉学习和实践不断提高和发展自己的能力，通过工作实绩来证实自己的能力，以提高能力和更好地发挥能力作为证明自身价值的唯一途径。

4. "能本管理"与"人本管理"的关系

对于"能本管理"，学术界的观点也不一致，有学者认为，"能本管理"是"人本管理"发展的新阶段，"能本管理"源于"人本管理"，又高于"人本管理"，"能本管理"是"人本管理"的升华和具体化。笔者认为"人本管理"和"能本管理"是由于企业和社会对管理的认识发生了变化，对管理的认识角度和深度有了更清晰的理解，从而使管理的重心发生变化。"人本管理"是将管理的重心放在人的因素上，围绕人的需要和特性来采取行动，使人这一活动的资本能发挥巨大作用，完成企业目标，并达到社会的和谐；而"能本管理"是企业将管理的重心放在能力因素上，人是能力的载体，故激发人的潜能成了企业的重要目标。但是，能力并不单单指企业人力资源的个体能力，更强调企业的整体能力。

因此，"能本管理"并不局限于人力资源的个体能力管理，更注重企业的整体能力形成，即构筑企业整合各种资源的能力。因此，"人本管理"和"能本管理"是两种认识，是管理的两个方面，不能简单地理解为由于对人的假设发生了变化而对人的重视程度发生了变化。管理的重心发生变化是由于各个历史时期的社会环境、经济状况和人们对管理的认识程度发生变化导致的必然结果，也可以说是企业竞争导致的结果。

可以说，"能本管理"并不排斥"人本管理"，恰恰相反，"能本管理"是对"人本管理"的升华和具体化。如果说"人本管理"思想主要是强调人力资本于企业财富创造具有决定作用，那么"能本管理"思想则更强调人力资本创造财富所需要的能力要素，及其与其他资源有效配置的途径与方式。显然，后者比前者更为深刻地揭示了人力资本与其他资本（或资源）配置过程中的地位与作用，且可将比较抽象的"人本"概念用一系列实实在在的能力指标去体现，对于指导企业人力资源管理更具可操作性。从这种意义上说，"能本管理"就是在融合与发展"人本管理"思想的基础上，通过加强员工创新能力的培养、优化人力资本与企业其他资源的配置、增进组织内部各成员的有效沟通、建立一系列有利于调动员工积极性的激励机制、培育有利于知识型、创造型人才成长的企业文化等，让人力资本的效用最大化。

二、人才管理是企业战略实施的重要支撑

目前，国外已经进入人才管理阶段，并且人才管理已经成为企业的核心竞争优势。结合国外的发展历程，我们认为：未来的十年，中国将进入后战略人力资源管理阶段，即人才管理阶段。

1. 人才管理：人力资源的必然走向

人才管理是人力资源发展的一个必然阶段。回溯人力资源管理成长的脉络：在人力资源管理阶段，人力资源部门职责单纯的只是工资发放、人员记录、福利发放等。

而后，"人"逐渐被当做企业的一种资源来管理，人力资源管理也逐渐承担了更多的职责，考勤管理、绩效考核、薪酬管理、招聘管理等各个流程逐渐完善，但这个时期的人力资源工作仍然是从职能的角度在思考问题，职能在此，则工作在此。

这样的人力资源管理也逐渐地跟不上了企业的发展，战略成为了企业的重头戏，被企业拉着走的人力资源管理必然要被淘汰，于是战略人力资源管理被提上日程。在这一时期，人力资源部门的行事角度发生了 180 度转变，从服从

于企业需求变成服务于企业战略。人力资源管理开始构建基于战略的公司组织架构，构建基于战略的薪酬体系、绩效管理、招聘体系、评估管理体系等。这是人力资源发展的一个非常重要的阶段，这一阶段"人"成为了企业核心的竞争优势。然而，人力资源部门的各个工作模块仍然是独立的，为人才培养埋下了隐患。

战略时代的到来催生战略人力资源管理的兴起，而战略视角的转变则引发了战略人力资源管理时代的又一次变革——人才管理时代的到来。

2. 人才管理：企业战略的根基

人才管理阶段的到来为企业战略的成功实施提供了可靠的保障。人才管理阶段仍然是基于企业战略的人力资源模式，但是人力资源管理将会更战略化，更加站在 CEO 的高度去思考整个公司的人才战略，并且逐渐脱离事务性工作转而投向战略思考工作。从服务于企业战略转变成为构建企业战略。北森总裁王朝晖指出："人才管理已经不仅仅传递组织整体发展战略，同时它也是组织整体发展战略的一部分。"

同时，人才管理对人的定位更清晰，精准定位人才是人才管理的重要基础，对企业关键人才的更多关注也体现于此。企业战略只有在有充沛的人才支撑的时候才能够被提上日程，而人才管理阶段所涵盖的招聘、评估、发展、保留这几项核心职能无疑是为企业战略的实施提供了"人"的保障。

人才管理不仅仅是人力资源发展的一个阶段，它还是人力资源管理的方法论。其最核心的理念是"整合"，最底层的基础是"人才"。

3. 人才管理不仅仅是阶段

人才管理是一个整合的人才发展体系，在以往人力资源管理工作中，招聘、薪酬福利、组织发展、绩效管理等各职能都是相互割裂的，员工的各类信息分散在各个模块，而且存在于不同的载体，有纸质材料，有电子版材料，有存在于测评工具/平台的评估结果，有存在于 e-HR 软件薪酬信息，如此分散的信息如何能够互通，如何实现不同评价结果的横纵向对比，难度可想而知。而人才管理思想的出现，将改变这一切，其核心理念在于以"人才"的胜任力模型为核心，涵盖聘用与安置、领导力发展、继任、绩效管理、培训和教育以及留任 6 个人力资源模块，整合人才评价技术、360 度评价技术/工具、雇员调查工具等多种人才管理技术/工具，如此一来，可以为企业人才选、用、育、留提供全面的科学依据，同时实现企业连续的人才供应，真正实现企业的人才战略，从而支撑企业战略，达到人才成为企业核心竞争力的目标。

人才管理的基础是对"人才"的定义。只有找到了企业需要的人才，才能实现对人才的管理、培养、发展。人才管理对人才的定义不同于以往时期对人才的定义"有才能的人就是人才"。2007 年英国特许人事和发展协会（CIPD）在调查报告中提出对于"人才"的定义应该充分考虑以下特征：在特定的组织框架下；与行业类型和行业特点密切相关；动态的，很可能随着组织变化而变化。可见，人才管理时代更强调人才与企业的适配性。

并且，人才管理时代更强调了对于企业内部员工的区别培养。而今，给予不同类别员工的关注和发展机会。将资源集中于能够给企业的稳健经营和快速发展带来最直接贡献的人才是多数企业所认同的，在未来这一理念也将继续被认可。同时，人才管理时代也更关注对于后备力量的培养。

不管是有关人才的哪一项工作，人才管理时代更要求 HR 能够清晰地界定出哪些是企业所需要的人才，哪些是企业重点培养的人才，所以，对人进行有效的评估将成为这一形势下 HR 极其重要的挑战。

可以说，人才管理的终极结果是连续的人才供应。无论企业如何调整其商业战略，他们必须要评估和重视支撑企业发展的人才需求。由此可见，人才的选、用、育、留已经不再是单一的用人方关注的重点，已成为人和企业在互动中寻求发展，"人才管理"这个概念应运而生。

三、人才的心理流程再造

心理流程再造（Brain Process Reengineering，BPRⅡ）的基本思想来自于美国当代作家哈尼·鲁宾的名言："注意你的思想，它们会变成你的言语；注意你的言语，它们会变成你的行动；注意你的行动，它们会变成你的习惯；注意你的习惯，它们会变成你的性格；注意你的性格，它会决定你的命运。"这说明人的行为是一个由思想、言语、行动、习惯、性格和命运相互影响和依次作用的心理过程。

马斯洛也有类似的话："心若改变，你的态度跟着改变；态度改变，你的习惯跟着改变；习惯改变，你的性格跟着改变；性格改变，你的人生跟着改变。"

因此，对这个心理流程进行优化和再设计，能够更有效地影响员工的思想、价值观、行为和工作绩效，帮助企业提高管理效率，实现战略目标。

心理流程再造的总体思路、目标和使命如下：

（1）总体思路：思想→言语→行动→习惯→性格与能力→未来。

（2）个人目标：通过态度、价值观、信念、行为、习惯、性格与能力的全面优化，提高自我的职业竞争力，改进工作生活质量，最终改变自我和公司的命运。

（3）团队目标：将样板团队训练成有梦想，有坚韧意志，有坚定信念，有积极态度和价值观，有乐观、开朗、友好、善良品质，有责任心，有主动性，善于思考和能够自我完善的，特别想战斗、特别敢战斗、特别能战斗的训练有素的队伍。

（4）使命：将自己变成火种，点燃员工的激情，照亮前进的道路，释放生命内层最伟大的潜能，为公司，也为自己，不断创造奇迹，过无悔人生。

四、能本管理的新模式——能力识别的胜任力模型

目前有关人才能力识别评价的方法主要以胜任力模型为主，现阶段的相关研究也较为丰富。人员胜任力研究在国外起步较早，其中，主要的代表人物有麦克利兰、Boyatzis、Spencer 等，他们的研究成果被广泛应用于政府、企业等领域，取得了很好的效果。

1. 胜任力的思想渊源

胜任力雏形——古罗马时代，当时人们为了说明"一名好的罗马战士"的属性，就曾构建过胜任剖面图（competency profiling）。

胜任力建模启蒙——20 世纪初，科学管理学之父泰勒开始"时间—动作"研究，建议管理者使用时间和动作分析方法去界定工人的胜任特征是由哪些成分构成的，同时通过系统的培训或发展活动去提高工人的胜任力，进而提高组织效能。

胜任力概念完整提出及实证研究——美国心理学家麦克利兰从对美国选拔驻外信息情报官的研究开始，通过优秀的情报官的访谈，找出其区别于一般情报官的胜任特征。

国外对胜任特征系统研究要追溯到 19 世纪 70 年代，而自 20 世纪 90 年代

胜任力概念传入中国，胜任力的理论研究和实际应用都得到迅速发展，一些领域甚至还取得创新性进步，但是不可否认在实际效果上尚需变革性突破。

胜任力模型的基本思想是从怀疑这样的命题开始：由"高能力＋？＝高绩效"得出：

高能力＝强动机＋合适的个性与价值观＋……＋必备的知识与技能

高绩效（做了什么）＝高能力（适合做什么）＋有效的行为方式（怎么做）

2. 胜任力的界定

麦克利兰认为：胜任能力就是能将高绩效者与一般绩效者区分开来的，可以通过可信方式测量出来的动机、特征、自我概念、态度、价值观、知识、可识别的行为技能和个人特征。

斯潘塞认为：胜任能力是指能将某一工作（或组织、文化）中卓有成就者与表现平平者区分开来的个人的深层次行为特征，它可以是知识、技能、社会角色、自我概念、特质和动机等，即任何可以被可靠测量或计数的并且能显著区分优秀与一般绩效的个体的特征。

学者 Boyatzis、Woodruffe、Spencer、Mertens、Sparrow 等都给出不同定义，大致分为三大派系。

（1）**教育学派系**：基于职位功能的分析，以职位绩效、知识、技术和态度来阐述并用相关标准来评价。

（2）**心理学派系**：与出众的工作绩效因果相关的一系列知识、动机、社会角色、自我形象和技能的集合。

（3）**商业应用派系**：Hamel 和 Prahalad 提出"核心竞争力"和"核心能力"，并定义胜任力为团体共同知识。

学者将胜任力的内涵与组织文化、价值观、核心竞争力和竞争优势相联系。如 Maria Vakola 认为胜任力是员工潜在的、与优秀工作绩效相关的一套行为模式，在个人和团队中都能发挥作用并切实有效地为组织提供可持续的竞争优势。

综上所述，通常将胜任能力定义为：能将某一工作（或组织、文化）中表现优异者与表现平平者区分开来的个人的潜在的、深层次特征，它可以是动机、特质、自我形象、态度或价值观、某领域的知识、认知或行为技能，即任何可以被可靠测量或计数的，并且能显著区分优秀绩效和一般绩效的个体特征。

3. 胜任力的识别方法

胜任力识别的主要方法是建立胜任力模型。胜任力模型是指达成某一绩效目标的一系列不同胜任力要素的组合，是一个胜任力结构。对胜任力模型的研究起源于 20 世纪 70 年代，现在已经成为人力资源中的主流实践活动。第一个胜任力模型是麦克利兰在 1970 年和 McBer 咨询公司为甄选美国的国外服务信息官时开发出来的。他们把被试分为绩效组与普通组，采用行为事件访谈法收集两个样本组中的关键行为。然后在此基础上开发了一个复杂的内容分析方法，识别将两组样本区别开来的主要胜任力，并且认为这些胜任力就是工作中出色业绩的决定因素。

胜任力识别具体体现为以下两种方法。

（1）静态驱动：从人的特征角度识别，将胜任力视为与人的特质相关，找出绩效优秀者的人格特征和能力特征。

（2）动态驱动：从行为的角度识别，动机、个性、自我形象、价值观、社会角色、知识和技能等胜任力的构成要素共同决定了人的行为。胜任力构成要素之间以潜在的部分（动机、个性、自我形象、价值观、社会角色）"推动"或"阻碍"表象部分（知识、技能），胜任力即特定情境下知识、技能、态度、动机等的具体运用的行为表现形式。

4. 胜任力的权变性

（1）胜任力不是一成不变的。

自麦克利兰提出胜任力这一概念以来，一直存在着一个争论不休的问题，那就是"胜任力是否具有通用性"？这里面又包含两个潜在的疑问：胜任力的结构是否是固定的，即是否存在一组特定的通用胜任力？相同或类似的工作岗位是否具有相同的胜任力要求，即胜任力是否具有情境的可迁移性？

早期研究者，如 Boyatzis 认为，既然胜任力是由个体的一组潜在特质构成的，则可以像分析人格特质一样将所有可能的胜任力都识别出来，形成一个具有通用性的"胜任力词典"（图 2-2），某一特定工作所需要的胜任力只要从这本词典中进行抽取和组合即可。根据这一思路，他钻研并归纳出一组用来辨别优秀经理人的胜任特征因素，这些因素能够同时适用于不同的公司和行业。

自 1989 年起，麦克利兰和斯潘塞便开始对 200 多个工作进行分析和研究，记录了大约 760 种行为特征。其中，与 360 种行为特征相关的 21 项胜任力能够解释每个领域工作中 80%～90% 的行为及结果，因此，这 360 种行为特征便组合成了胜任力词典的基本内容，并按照相似程度划分为 6 个基本的特征族，包括成就与行动族、帮助与服务族、冲击和影响族、管理族、认知族和个人效能族。在

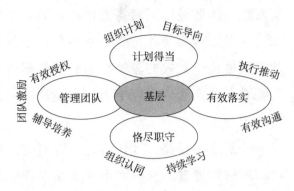

图 2-2 胜任力词典

这 6 个特征族中，又依据每个特征族中对行为与绩效差异产生影响的显著性程度划分出 2～5 项具体的胜任特征，同时针对每一项具体的胜任特征，都有一个具体的定义以及至少 5 级的分级说明和典型行为描述（图 2-3）。

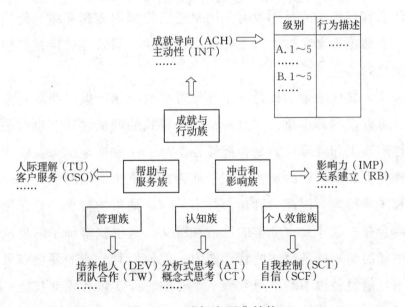

图 2-3 胜任力词典结构

在这一思路的指引下，基于咨询服务的需要，很多机构纷纷创建了自己的胜任力词典。还有一些公司则更进一步，在进行大量的企业最佳实践研究后，针对不同职能建立了较为完整的胜任力数据库，从而在全球范围内实现了胜任力咨询和培训的高度标准化。

那么，胜任力真的具有通用性，真的可以实现完全的标准化吗？

美国学者费德勒提出的领导权变理论（contingency theory）从领导力的角

度对这一问题进行了解答。他深入研究了情境因素对领导效力的潜在影响，指出领导者的行为及其所要追求的目标是具有多样性的，所以并不存在一成不变的管理模式，有效的领导行为必须根据情境的变化而变化，即"管理无定式"。费德勒最早在管理研究中引入情境这一变量，为研究管理行为提供了一个非常有价值的切入点。

按照这一思路，胜任力之所以对高绩效具有很强的预测作用，正在于它具有高度的情境嵌入性，而不仅仅是工作职能的简单罗列，特别是对那些工作情境比较复杂多变的岗位更是如此，这也恰恰是应用传统的基于岗位职责的工作分析所无法做到的。比如，马云在阿里巴巴发展到一定规模的时候，认为和他一起创业的兄弟姐妹们并不具备做高管的能力，于是顶着巨大压力从外部招聘了一批有大企业管理经验的职业经理人。结果几年后这些职业经理人一个都没留下，反而是那些原本不被看好的创业元老坚持了下来，最终成为公司的核心高管。为什么有经验的人反而没有为阿里巴巴持续创造高业绩？他们肯定不缺管理能力，不然也不会在过去的工作中取得成功，马云经过反复的思考后把原因归结为文化的适应性问题。

不可否认，文化融合的确是一个非常重要的问题，但近距离观察这种文化融合现象，可以发现其本质其实是一种行为模式的调试过程。也就是说，人们所具备的管理知识和管理技能是否能够在实际工作中表现出来，转化为新岗位所需要的胜任力，最关键的地方就在于能否根据工作情境的变化适时地调整自己的管理和领导行为。因此，胜任力并不是一个抽象的概念，它必须与具体的工作情境结合在一起才具有完整的价值和意义。这也就解释了阿里巴巴的那些创业元老可能的确不具备足够的管理能力，但他们对公司的环境和做事方式非常熟悉，一旦他们通过不断学习掌握了足够的管理知识和领导技能，且积累了一定的管理经验，就能够比那些"空降兵"具备更高的胜任力，能够创造更优秀的业绩。

所以说，胜任力也是权变的，能够完全标准化的只有技能性内容，称之为"管理动作"，其必须与具体的工作情境相结合，才能构成完整的胜任力。

这就是情境胜任力理论，可以通过以下公式加以表述：

$$胜任力（行为）＝动作＋情境$$

目前大量的管理研究和企业实践都聚焦于对技能（动作）的分析，试图寻找一种所谓的最佳实践（best practice），并通过行为训练的培训方式推而广之。在这一模型中，管理和领导行为被看做是一种标准化的流程。比如，做员工绩效反馈，会将其分为 5 个标准的互动过程（动作）：开启讨论→澄清问题→发展方案→达成共识→总结讨论，每一步又有一些关键的操作要领。值得肯定的是，这些标准化的管理动作都是经过大量研究总结出来的有效模式，从技能评价和发展的角度来说非常有价值，也比较符合西方人的思维习惯，因此在美国和欧洲风靡一时。

　　然而，这种分析模式并没有考虑情境的因素，是否能够在不同的工作情境中有效地应用这些技能，才是创造高绩效的关键。而个性、能力、动机、经验这些因素都会在很大程度上影响个体对特定工作情境的适应能力，因此，在分析胜任力时，必须将情境因素考虑进来。例如，各种管理动作就像武术里的套路，一拳一脚都是总结大量的实战经验后凝聚而成的，但在实际对敌时，死打套路肯定是没用的，必须根据对手的拳法以及周遭的环境灵活运用这些招式，才能达到克敌制胜的效果，而功夫的高下也正在于此。

　　（2）影响胜任力的情境因素分析。

　　可以从 3 个维度去结构化地思考情境问题：组织环境、工作特性和团队关系。其中组织环境又可以细化为战略定位、内部文化和权力结构 3 个子维度；工作特性包含任务结构、管控模式 2 个子维度；团队关系则可以分为团队状态和人际关系 2 个子维度，如图 2-4 所示。

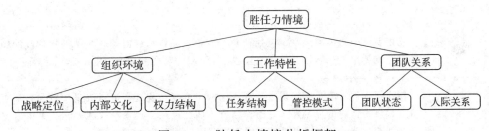

图 2-4　胜任力情境分析框架

　　通过上述 7 个维度的分析，就可以比较准确地定位研究对象所处的工作和管理情境（又称胜任力情境），进而更为准确地分析其取得高绩效的关键胜任行为。对不同层级的员工来说，在分析其所处的胜任力情境时侧重的维度有所不同。比如对高层管理者而言，最重要的情境因素应该是组织环境；而对普通员工来说，他们的关键胜任力更多取决于工作特性，其次是团队关系，而组织环境的影响作用则相对有限。

胜任力情境分析维度详解见表 2 - 1。

表 2 - 1　　　　　　　　　　胜任力情境分析维度详解

分析维度	具 体 解 释
D1 组织环境	
D1.1 战略定位	指组织所处的发展阶段及战略定位。创业期的企业与成熟企业对管理者和员工胜任力的要求肯定是不一样的；同样，走高端战略路线的企业与以成本规模领先为核心战略的企业肯定也需要不同的员工和管理者，因此对胜任力的分析必须从战略出发，才能把握住大方向
D1.2 内部文化	指组织内部倡导的核心文化，价值观和行为守则。比如华为要求员工具有"狼性"，吉利追求"军事化"的严格管理等。不同企业的内部文化对员工和管理者的行为要求是不一样的，这也是分析胜任力时不可或缺的一个重要因素
D1.3 权力结构	指组织的决策权是如何设定的。权力结构决定了组织的管理模式：集权还是分权，总部与分支机构的关系如何都是重要的情景变量，即，它们都会影响员工和管理者的决策和行为模式
D2 工作特性	
D2.1 任务结构	指员工、管理者的核心工作和任务的特点。比如高层管理者的任务具有长期性和复杂性的特点；而普通员工的任务可能比较简单且有一贯性
D2.2 管控模式	指组织及领导者的管理方式。是通过命令方式实现高度管控，以结果为导向的充分授权，还是目标管理，每种管控模式都能直接影响员工的工作和行为模式
D3 团队关系	
D3.1 团队状态	指团队所处的不同阶段，包括初建、成长、成熟和衰退等，处在不同阶段的团队需要不同的组织和领导方式，而且对员工和管理者的胜任力要求也会有所不同
D3.2 人际关系	指目标人群所需要接触的内外部人际网络的复杂程度，可以直观理解为，从事研发和销售工作的员工在人际方面肯定有不同的胜任力要求。这种人际关系可以是团队或组织内部的，也可以是外部的。这也是非常重要的情景因素

这种结构化的分析框架虽然不能非常精细地描述出工作和管理情境的全部，但能够有效帮助我们在纷繁的实际工作中较为准确地定位和解读特定层级与岗位的核心胜任力。情境胜任力理论是在长期研究和企业咨询实践中逐步发展和构建出来的，虽然目前还不成熟，但将情境因素纳入对胜任力的研究和考察是一项非常有价值的工作，也是进一步发展胜任力理论的必由之路。

第二节　胜任力模型概述

一、胜任力的提出

胜任力（competency）一词来自拉丁语 competere，在中文文献中也常译作胜任特征、胜任素质等。这一概念最早可以追溯到古罗马时期，当时的人就曾通过构建胜任力剖面图来说明"一名优秀的罗马战士"所需要具备的特性（Shi，2005）。

在此之后，人们不断致力于探索个体绩效差异的来源，希望了解究竟是什么因素在影响着工作绩效，在同一目标驱动下，各个领域的学者纷纷提出具有划时代意义的创见。其中，心理学家首先将这一问题归因于个体智力水平的差异，随后又扩展出了多元智力、情感智力和成功智力等理论；而以泰勒为代表的管理学家则认为，优秀工人与较差工人之间的差异在于他们完成工作的动作和方法不同，并建议管理者通过时间和动作分析去界定工人的标准化作业流程，同时采用系统的培训将其规范统一，从而提高组织效能。

上述思想在工业化初期的以福特汽车为代表的大规模生产中发挥了重要作用，使工人的生产效率得到了极大的提高。第二次世界大战以后，美国率先进入后工业化时代，一方面，服务业的快速兴起打破了流水线式的生产组织形式；另一方面，随着组织的日益庞大，大量专业岗位和管理岗位出现，白领队伍不断壮大，员工的工作性质发生了根本性转变，将其看作"人肉机器"的时代一去不复返，岗位的工作职责也不再那么单一，越来越显示出复杂化、多样化和团队化的特征。因此到 20 世纪 50 年代后，泰勒的时间—动作分析方法逐渐被放弃，而以智力测评为核心的人才测评理论在预测工作绩效方面也显得越来越无力，不断受到人们的质疑。正是这样的历史洪流，将行为学家推到了"聚光灯"下。

胜任力的思想来源已久，但真正获得人们的重视还要归功于哈佛大学著名行为心理学家麦克利兰博士。20 世纪 60 年代，美国国务院深感传统的外交官选拔方式效果很不理想，许多在智力测试中成绩优秀的人才在实际工作中的表现却令人非常失望，随即邀请麦克利兰博士帮助设计一种能够有效预测外事情报官员（FISO）实际工作业绩的选拔方法。麦克利兰对美国国务院过去的选拔方法进行研究后发现，传统的智力、知识技能和人格测评对个体的工作绩效和职业生涯的成功并没有预测作用，那么绩优外交官和业绩平平的外交官之间的根本差异究竟在哪里呢？为了解答这一问题，麦克利兰化繁为简，把视野聚焦到了最直观的工作行为上，发展出了一种行为事件访谈法（behavioral event interview，BEI），希望通过对表现优秀和表现一般的外交官的实际职业行为特征的深度访谈分析，识别出能真正影响外交官工作绩效的因素，或能真正区分出优秀和一般的个人行为特征。为此，他选取了 50 位外事情报官员，其中一半为绩优样本，一半为业绩平平样本，让他们描述三个自己表现出色的成功事件，以及另外三个他们觉得自己做得一团糟的事例。在此过程中，麦克利兰不断追问其中的细节，以尽可能清楚地掌握事件产生的背景以及当事人做了哪些事、说了什么话、是如何考虑的，这样就能找出绩效优劣者具有的差异化行为模式。

按照这一思路，如果真的能够通过这些深度访谈将优秀外交官的高绩效行为特征分离出来，那么只要在以后的选拔中对候选人是否具备这些行为特征进行科学、有效的评价，就有把握预测个体在未来的外交工作中的实际绩效表现。幸运的是，麦克利兰的研究设想最终获得了成功，他将访谈的结果进行对比分析后发现，业绩优秀的外事情报官员身上所具备的一些素质是业绩平平者所没有的，主要包括以下方面：

（1）跨文化的人际敏感性，即能够快速洞悉外国人真正想表达的意思和情感的能力。

（2）对人的正面看法，即能够尊重跨文化个体间价值观的差异。

（3）快速识别和理清政治领域的人际关系网络，抓住关键人物及其核心利益诉求的能力。

通过对这些核心胜任力的准确把握，大大提高了外交官选拔的准确性和有效性。

经过多年的研究和实践，麦克利兰于 1973 年在《美国心理学家》杂志上发表了一篇具有颠覆性价值的论文——《测量胜任力而不是智力》，正式将胜任力这一概念引入学术研究领域。在这篇划时代的论文中，麦克利兰提出传统上人们认为能够决定工作结果的因素如人格、智力等，对绩效其实并没有令人信服的预测作用。他写道："我们在选拔一名警察时考察其是否能够找出单词间的相似之处，到底有何必要。"而这恰恰是传统智力测验的常见题型。相反，他认为"如果你想测试谁有可能成为一名好警察，那么就去看看好的警察到底都在做些什么，然后以此为样本来筛选候选人。"即真正具有鉴别性的是员工的高绩效行为特征，麦克利兰将此称为胜任力。

在麦克利兰的分析框架中，胜任力是一个统合的概念，是一种"能将某一工作（或组织、文化）中表现优异者与表现平平者区分开来的、个体潜在的深层次特征，它可以是动机、特质、自我形象、态度或价值观，或是某领域的知识、认知和行为技能。更为重要的是，它们都能够被可靠地观察和测量。"（麦克利兰，1973）为了进一步说明胜任力的可测量性，麦克利兰还提出了一整套根据人们正在从事的具体工作来评估其胜任力大小的方法和原则。

麦克利兰的这一突破性创见很快得到了学术界的普遍认可，成为心理学、人力资源管理、教育学等领域的研究热点之一。与此同时，胜任力也逐渐风靡整个企业界，在美国掀起了一场胜任力运动，并迅速扩展到全世界，英国、加拿大、日本等发达国家纷纷效仿，在企业人力资源管理实践中广泛应用。麦克利兰更是身先士卒，在美国波士顿创立 MCBER 公司（后与合益集团合并），并终身致力于为企业、政府机构和其他专业组织提供与胜任力相关的咨询和应用服务。从 1989 年起，麦克利兰开始对全球 200 多项工作所涉及的胜任力进行观察研究，建立了包括一般企业、政府、军队、教育和宗教等组织中的技术、专业、市场、企业家、管理者等各类人员的胜任力数据库。该数据库记录了大约 760 种行为素质，将胜任力的研究和应用推向了一个新的高度。

20 世纪 90 年代初，胜任力思想被进一步拓展到了组织和战略管理领域，普拉哈拉德和哈默尔提出了著名的组织核心能力理论，将胜任力的研究带入了一个新的层次，第一次拓展到了组织层面。他们认为，就像个体要取得高绩效需要具备核心胜任力一样，一个组织要想长期在竞争中处于优势地位，也必须具备自身的核心能力，这种核心竞争力应该是该组织所特有的、能够经得起时间考验的、具有延展性的，并且是竞争对手难以模仿的技术或能力，组织的核心能力和组织中员工的胜任力必须是相匹配的。他们的这一创见为我们研究组织和人的关系提供了一个全新的基于胜任力的分析视角，实现了"人—职—组织"的完美匹配，真正将胜任力的研究提高到了组织战略高度，成为一种有效的战略管理工具。

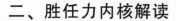

二、胜任力内核解读

自麦克利兰提出胜任力概念后，出现了大量相关研究，研究者们纷纷对胜任力进行界定。表 2-2 列举了一些胜任力的典型定义。

表 2-2　　　　　　　　　　　胜任力的典型定义

学者/机构	胜任力定义
麦克利兰	与工作、工作绩效或生活中其他重要成果直接相似或相联系的知识、技能、能力、特质或动机，可区分卓越绩效者和一般绩效者
伍德拉夫、查尔夫斯	在某一情境下完成工作任务所必需的一系列行为模式，这些行为与高工作绩效有关，并且通过工作中的高绩效个体得以具体表现
斯潘塞、麦克利兰	能将高绩效者与一般绩效者区分开来的，可以通过可信的方式度量出来的动机、特性、自我概念、态度、价值观、知识、可识别的行为技能和个人特质
弗莱什曼等	知识、技能、能力、动机、信仰、价值观和兴趣的混合体
曼斯菲尔德、格林	个体在工作中取得高绩效所需要的知识、技能、能力以及其他特征的组合
合益集团	个体表现出的、能带来优秀绩效的特征
王重鸣	导致高绩效的知识、技能、能力、价值观、个性、动机等特征

美国学者 J. S. 李普曼等人花了两年时间对研究人力资源管理的专家学者、知名企业资深 HR 管理人员共 37 人进行访谈后发现，虽然有关胜任力的研究和实践日益广泛，但大家对胜任力的内涵并没有形成清晰、统一的认识，导致在讨论有关胜任力的问题时产生了很多概念上的误解。从表 2-2 给出的诸多定义中可以看出，对胜任力的认识主要分为两个层次：第一层次可以称之为"行为观"，即认为胜任力是一种高绩效的行为表现和行为模式，至于个体产生这种高绩效的内在原因，并不是分析的要点；第二层次的观点可以称之为"特质观"，即认为胜任力是一种支持个体在工作中表现出高绩效的内在特质的组合，至于具体包含哪些特质，不同学者的理解又有所不同。

"行为观"将胜任力看做一个"黑匣子"，只关注高绩效员工的外在行为表现，在实际应用中相对容易理解，也便于操作。比如，在进行招聘选拔时，能够应用行为面试、评价中心、360 度反馈等以行为为核心的测评方法，直接对候选人的胜任力做出客观、准确的评估；同时，也可以利用以行为训练为核心的培训技术，帮助员工提高自身的胜任力水平。从这个角度上看，的确不需要了解支撑个体胜任力的内在因素到底是什么。但"特质观"提供了一个更为深入的观察视角，从研究胜任力的角度来说，对其内在机理进行解构是非常必要的。因为虽然个体具备相近的胜任力水平，但支撑他们表现出胜任行为的内在原因可能是存在差异的。对此进行更为准确地把握才能大大提高鉴别优劣、预测绩效的有效性和可靠性，同时在培训发展时，也能够做到更加有的放矢。无论哪种观点，对胜任力的理解在以下几个方面都是一致的：

（1）绩效导向：胜任力与个体在工作中所取得的绩效水平高度相关。

（2）行为表现：胜任力是个体取得高工作绩效的一系列行为表现和行为模式。

（3）情境相关：不同工作情境下所需要的胜任力有所不同。

（4）预测作用：个体的胜任力水平对其工作绩效具有高度预测作用。

（5）可观察性：个体的胜任力可以准确地观察和测量。

（6）可培养性：个体的胜任行为可以通过培训等方式加以习得和提高。

如果把"特质观"看做是深入探究胜任力内在机理的一把钥匙，那么美国学者斯潘塞提出的冰山模型（图2-5）则为胜任力的特质研究奠定了理论基石。

在冰山模型中，斯潘塞把个体特征区分为水上冰山和水下冰山，即外显的和潜在的，形象地说明了对人们工作绩效有预测作用的个体特征中，除了可见的、外显的知识和技能外，更重要的是深层的、不可见的、潜在的、核心的动机、特质、自我概念及社会角色。其中，知识和技能最容易观察到，构成了基准性胜任力（threshold competency），是任职者执行工作所需的最低程度的门槛性要求，无法区分卓越绩效者与一般绩效者，但最容易通过教育和培训加以改变。

动机、特质、自我概念及社会角色等构成了鉴别性胜任力（differentiating competency），其特点是：能够区分绩效一般者与绩效优异者，且在短期内较难改变和发展，是胜任力的核心特质。其中，特质和动机处在最深层次，也最难以改变。对于企业组织而言，用甄选的方式来选择具有所需要特质的员工比较合乎成本效益；自我

图2-5　冰山模型（斯潘塞）

概念与社会角色则处于中间层次，经过适当的培训或者成长性的经历，是可以改变的，但需要较长时间的持续投入。

三、胜任力模型的衍生研究

前面详细介绍了什么是胜任力，而在实际工作中接触更多的是胜任力模型（competency model）的概念，很多时候这两个概念区分并不明显，由此引发了很多误解。

由前文的介绍可以知道，简单来说，胜任力模型就是某一类特定工作所需胜任力的有机组合。在实际操作中，每个模型一般包含7～11个核心胜任力指标，并通过行为化的方式加以展示，从而实现将抽象的胜任力具体化表述的目的，以便于理解和应用。图2-6是美国管理协会（AMA）在全球研发成果的基础上，结合长达10年的管理培训实践总结而成的中国职业经理人卓越领导力模型，具有一定的代表性。

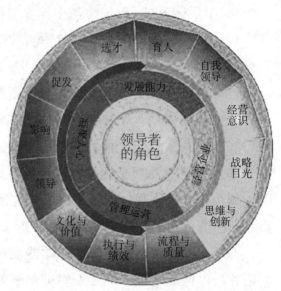

图2-6　AMA中国职业经理人卓越领导力模型

以模型中的"经营企业"这一组指标为例，分析AMA是如何定义胜任力行为的。"经营企业"的胜任力要素及行为要求见表2-3。

表2-3　　　　　　　　　"经营企业"的胜任力要素及行为要求

要　　素	行　为　要　求
思维与创新	运用系统思维解决负责问题；有解决问题的清晰逻辑和工具；发挥创造力寻找棘手问题的解决方案；挑战习以为常的方式，不断寻求创新；在团队中提倡质疑和争论，促发合力
战略目光	掌握竞争对手和行业的最新动向；掌握第一手的顾客信息以改善产品和服务；预见和发动变革；集中精力培育企业的核心竞争力；平衡短期和长期目标
经营意识	理解商业和财务运作；表现出强烈的主人翁心态；推动成本控制和利润改善；具有全局观；始终关注市场，以战略的眼光分析本地市场

AMA 给出的模型是针对中国职业经理人这一广大群体的，"镜头"拉得很宽，在情境上显得不够聚焦。所以其给出的行为要求也仅仅是一种模式，不够具体化。因此，AMA 的这一模型更多地应用于通用的管理者培训，而直接应用于特定组织的高管选拔则并不十分合适。即放之四海而皆准的"通用模型"是不存在的，这也从一个侧面印证了组织建立适合自身特点的胜任力模型的必要性。

同时，在组织中根据建模对象的不同，又可将胜任力模型分为全员通用模型、专业岗位模型和领导力模型三种类型。

1. 全员通用模型

全体员工都必须具备的核心素质。一般包含 5～7 个胜任力指标，集中反映了企业战略、文化以及核心价值观对员工的行为要求，就像组织的 DNA 一样，具有强烈的独特性和排他性。需要指出的是，全员通用模型并不只是针对普通员工而言的，上到企业高管，下到基层员工，都必须以全员通用模型的要求作为自身的行动指南，这一点在实际操作中经常容易被忽略或误解。

图 2-7 是国内某国有保险公司构建的全员通用模型，包括 5 个指标，其中如诚信正直、服务意识等都带有典型的企业文化特点。

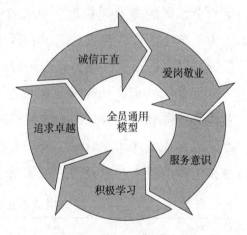

图 2-7　胜任力全员通用模型样例

2. 专业岗位模型

专业岗位模型是在特定岗位上创造高绩效所需胜任力的有机组合，与传统基于工作分析的任职资格不同，专业岗位胜任力模型关注的是个体在工作中表现出来的高绩效行为，而不是某种专业知识或专业技能。麦克利兰一开始提出胜任力模型的思想就是针对一些特殊岗位而言的。根据情境胜任力理论，岗位越明确，则其工作情境越容易聚焦，胜任力模型的效度和精细化程度也越高。

然而在实际工作中，由于资源上的限制，不可能针对每一个岗位都专门构建一个胜任力模型。更多时候会采取一种变通的方式，将一些工作性质比较类似的岗位组合在一起，针对某一专业岗位序列进行建模。

在针对专业岗位序列建模的时候，一般采取"N＋X"的方式：先行确定多个岗位专业序列的共性胜任力要素（N），然后确定各专业岗位序列的差异化胜任力要素（X）。这种建模方式及其产出的结果既能满足基于企业文化、价值观、战略要求及岗位要求形成的共性胜任力要求，又能体现不同岗位专业序列的差异化要求，可谓"统分结合"。

由于每个企业的具体情况不同，专业岗位序列的划分并没有严格的依据，一般只要和内部管理条线保持一致即可，划分的方式也有粗有细。比如某保险公司构建的岗位序列模型就简单地划分了前台业务、后援支持两大条线，因为这就是保险公司最为核心的业务板块，也最能反映出对员工不同能力素质的要求，同时也能与该公司的内部管理模式相匹配。相反，某大型通信企业的专业岗位序列模型则要细化得多，在研发、销售、物流、生产、职能管理五大系列的基础上，又对具体的职能领域进行了细分，以研发为例还进一步划分了构架、测试、开发等六个不同的专业岗位族，见表 2－4。这样做虽然需要进行大量的调研工作，但由于该企业业务和人员规模非常庞大，涉及很多个业务板块，所以有必要根据职能差异对人员的胜任力要求进行较为精确的界定和区分。

因此，我们在构建专业岗位序列模型时，一项基础性的工作就是要把该企业内部业务和职能管理的构架梳理清楚，从而基于实际情况确定如何划分职能条线，以保证既能体现对员工胜任力的差异性要求，又能提高模型的应用价值以及建模工作的投入产出效用。某大型通信企业研发条线职能序列模型见表 2－4。

表 2－4　　　　　　　某大型通信企业研发条线职能序列模型　　　　　　　　%

指标名称		权重					
		研发管理	技术支持	架构	技术研究	测试	开发
管理自我	主动负责	15	15	15	20	15	15
	分析思维	15	20	20	20	20	20
	成就导向				15		
	积极学习		20	15	15	10	20
管理任务	组织计划	15					
	执行推动	10				20	
	改进创新	10	10	20	20		10
	关注品质	10	15	10		15	15

指标名称		权重					
		研发管理	技术支持	架构	技术研究	测试	开发
管理他人	团队激励	10					
	团队合作		10				
	沟通协调	15	10	20	10	20	10

与此同时，每个企业中都有一些直接关系到组织整体绩效的关键岗位，就此类岗位而言，还是非常值得投入时间和精力进行精细化建模的。而且从企业建模实践来看，很多情况下都是从关键岗位建模切入的，比如图2-8中的某电力企业配电工岗位胜任力模型结构。

从图2-8中可以看出，专业岗位模型比全员通用模型要聚焦得多，也更能体现岗位的独特要求。比如安全意识、程序执行等指标很难在一般的模型中见到，却恰恰反

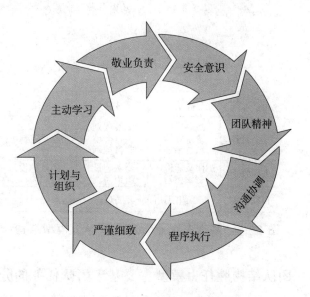

图2-8 某电力企业配电工岗位
胜任力模型结构

映了配电工这样一个特殊岗位所处的工作环境对从业人员胜任力的要求。

3.领导力模型

虽然有些企业也有"全员领导力"的说法，但一般情况下，领导力主要还是针对管理者而言的。关于领导力的定义很多，将其放在胜任力的框架内，简单说来就是指管理者（并不一定是职位上的）在给定的资源条件下，带领团队取得高绩效所表现出来的一系列行为特征。AMA中国职业经理人领导力模型就属于这种模型，不过它的目标对象过于宽泛，在具体应用中还需要进一步细化。在实际操作中，领导力模型一般是根据管理层级来构建的，这样既能关注到同一层级管理者在领导力方面的共性要求，也能够体现出管理层级上的领导力差异。图2-9是某汽车企业构建的三层级管理者领导力模型。

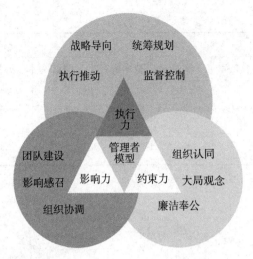

分层级模型 指标分类	高层	中层	基层
任务管理	战略导向 统筹规划 执行推动	统筹规划 执行推动 监督控制	监督控制
人际管理	团队建设 影响感召	团队建设 组织协调	团队建设 组织协调
自我管理	组织认同、大局观念、廉洁奉公		

图 2-9　某汽车企业管理者领导力模型结构

对比三类模型样例，其在胜任力指标上有很大差异。领导力模型更多聚焦于管理者的管理和领导行为，而专业岗位模型在指标的设定上则更偏向个体的行为特质。

图 2-9 中，三层级管理者在某些指标上是共通的。比如在人际管理版块，所有的管理者都需要具备"团队建设"能力，但对不同层级管理者胜任力要求有所不同，这种差异会在模型的行为等级要求上体现出来。

除以上三种常见的胜任力模型之外，目前企业常用的胜任力模型还有团队结构胜任力模型，团队结构胜任力模型主要基于团队任务的分析，基于人与人的互补性组合，研究具备不同胜任力的人如何有效搭配以产生高绩效的问题。

四、胜任力模型常见结构和表现形式

根据经验，胜任力模型所包含的指标保持在7~9个比较合适，太少难免挂一漏万，太多则显得重点不够明确。当然，全员通用模型的指标个数要相对少一些。为了便于理解，通常会把内涵相近的指标归为一类。

几种常见的胜任力模型表现结构形式如图 2-10 所示。

（1）职责分类法根据目标岗位人员的核心职责进行分类。一般包括经营管理类、任

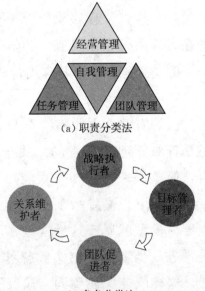

（a）职责分类法

（b）角色分类法

图 2-10　常见的胜任力模型
表现结构形式

务管理类、团队管理类和自我管理类几大素质类别。

（2）角色分类法根据目标岗位人员需承担、发挥的核心角色进行胜任力模型结构定义，比如战略执行者、流程管控者、客户服务者、关系维护者、资源整合者等。此种表述方式能更为清晰地界定管理者或目标岗位人员的核心角色和要求。

几个常见胜任力模型及其指标的具体界定形式如下：

（1）某航空公司建立的管理者胜任力模型见表2-5，其中决策力指标详解见表2-6。

表2-5　　　　　　　　某航空公司管理者胜任力模型

序　号	胜任力指标	序　号	胜任力指标
1	全局观	6	计划和组织能力
2	战略规划能力	7	经营头脑
3	领导力	8	指导员工
4	决策力	9	全球视角
5	分析问题能力	10	关系建立能力

表2-6　　　　　　　　某航空公司决策力指标详解

项　目	内　容
指标	决策力
定义	以实现公司目标为导向，在对可采用的行动措施、他人需要及价值进行考虑后，制定决策，做出判断，采取行动，或做出承诺
行为指标	（1）决策时，以公司利益、整体利益为导向。 （2）识别利益冲突，制定与本组织机构使命相一致的适当决策。 （3）对形势和信息资料进行客观评估；避免根据片面的情况或他人意图做出假设。 （4）在不确定条件下，制定审慎的决策，不鲁莽行事。 （5）决策有适当的前瞻性，并权衡对长期和当前短期的影响，做出决策。 （6）果断决策，采取行动，避免因拖延造成损失。 （7）识别何时把适当或具体的情况报告给高级别的人员。 （8）了解何时应适当采用多数意见或独立进行决策。 （9）在发现决策错误或有重大负面影响时，及时进行校正。 （10）即使该信息并不完全明朗，也努力提取可供利用的信息，及时得出结论，制定决策
备选行为指标	考虑某项行动或决策可能对他人产生的影响

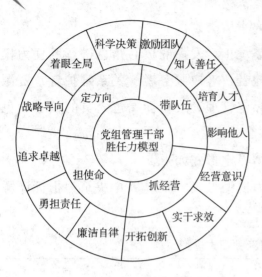

图 2-11　某大型国有企业党组管理
干部胜任力模型结构

（2）某大型国有企业党组管理干部胜任力模型结构如图 2-11 所示，胜任力模型结构是对优秀绩效者应当具备的各项能力素质指标集合的结构化表达，它的作用就像能力素质的"地图"，帮助我们一目了然地看清一个管理者要达到高绩效目标所应当努力的方向和重点。

该结构图以圆环方式表达，内圈指向党组管理干部的核心职能，外圈则是为圆满完成相应核心职能所需的关键能力素质。例如，定方向这个核心职能，与之相对应的是战略导向、着眼全局、科学决策三项关键能力素质。胜任力模型中的每个指标具体结构如下：

（1）每个能力素质指标都包含指标定义、指标理解和指标分级行为描述三大主体部分。

（2）指标定义是该项能力素质指标指向的核心行为特征的简洁表达。

（3）指标理解是对该项能力素质指标定义内涵中需要强调的关键点进行着重说明。

（4）指标分级行为描述是该项能力素质指标所指向的各种典型行为的归类与分层级描述。它源于企业绩优人员的关键事件（这些事件出现在该类岗位的各类典型活动中）的提炼、归纳、分层。

以战略导向为例，其详解见表 2-7。

表 2-7　　　　　　　　　某大型国有企业战略导向指标详解

项　　目	内　　容
指标定义	深入理解并认同集团的发展目标和战略，以此作为工作的出发点，指导具体的政策与行动，确保各项经营管理活动与集团发展战略相一致
指标理解	它表现为把日常工作中的行为与集团的远景和战略目标密切结合起来的意识与行为，它不仅强调对集团战略的清晰理解，更强调将集团的发展战略贯彻在具体的决策与行动中

续表

项　目		内　容
指标分级行为描述	3级	根据自己分管领域特点，关注未来发展，及时顺应变化做出调整 （1）收集信息、分析行业发展方向及外部环境变化对集团的影响，对战略调整提出建设性的意见和建议。 （2）不断思考到行动与战略的一致性以及可能出现的问题，并采取行动减少风险。 （3）及时调整内部的政策、流程和方法，以适应未来发展和外部变化的需要
	2级	始终使自己的决策与行动和集团的发展战略保持一致并贯彻执行 （1）拟定自己分管领域的年度工作重点时，考虑是否对集团的战略与长远目标有利。 （2）着眼于未来考虑，明确未来可能的计划和问题。 （3）根据长远目标和战略安排日常工作，并不断审核其一致性。 （4）根据已达成共识的战略目标，调整相关领域的资源（如组织架构、人力资源、设备等），力求把握机会
	1级	准确理解集团发展战略并制定分管领域的子战略 （1）明确描述集团战略对自己分管领域工作的要求。 （2）向相关人员通过多种方式宣传集团愿景与战略。 （3）根据集团的战略要求制定自己分管领域的长远目标、战略和计划

图2-12中从1级到3级逐级上升，行为层级的上升代表了绩效水平表现的提高。

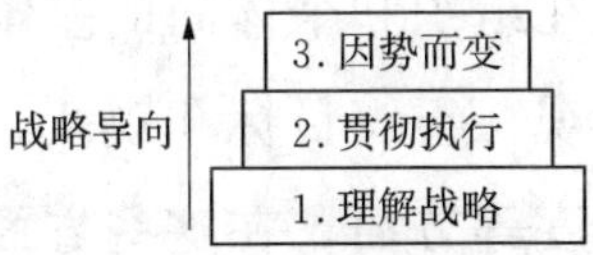

战略导向

3.因势而变
2.贯彻执行
1.理解战略

图2-12　战略导向指标等级划分

五、胜任力模型的最新成果

1. 领导力模型

领导力模型主要是针对企业各级管理者构建的一套胜任模型。作为一个特殊的岗位，管理者与企业其他员工相比有着自己独特的一面：非管理类员工，他们的工作绩效与冰山模型中的"冰面"部分相关性大，而一个管理者能否成功，除了具备专业知识技能外，很大程度取决于他们的先天禀赋，即"冰面"下方要素的作用。因此，在实际运用中，前者一般采用的是任职资格界定或者全员通用模型的方法，而对于管理者，则一般采用建立领导力模型的方法。

近年来，经济全球化的深刻变化、科技进步和组织结构的扁平化及缩减对领导力的胜任特征产生了深刻影响。领导力研究已经超过其他人类行为方面的研究，成为当今最热门又令人困惑的研究领域。

Judi Brownell认为，全球化领导力要具备普通的胜任特征、特殊胜任特征和个人品质。普通的胜任特征就是那些容易获得的基础知识和技术；特殊胜任特征则是个人的性格和特质，其受组织文化、目标和环境的影响；个人品质，如诚信和正直，应当被当作是影响其他特殊胜任特征的个人核心性格特点，却常在领导力开发的战略中被忽略。同时还建议人力资源专家与管理培训者应通力合作，培养能在全球商业环境中表现出高绩效的领导者。

领导力模型广泛应用于企业管理人员的挑选甄别、职业管理、工作晋升、培训等方面，是新经济时代管理企业和岗位员工的有效方法。

2."人—岗—组织"匹配模型

"人—岗"匹配是指组织成员的个人能力与工作需要或组织对个人的要求与个人对组织的贡献间的一致性程度。其研究大多从需求互补的观点出发，强调的是人与岗位、人与职务的匹配。"人—组织"匹配也日益得到研究者的关注：一方面，员工要满足特定工作和岗位的需要；另一方面，十分重要的是个体内在特质与组织基本特征之间的一致性。

A·L·Kristof 提出的"人—组织"匹配的整合模型认为，一致匹配发生在组织和个体间的基本特征相似时。组织的基本特征包括组织文化、组织价值观、组织目标和规范，个体的基本特征包括个性、个体价值观、个人目标和态度等方面，在这些方面相似的基础上才可能有互补匹配的存在。人与组织的互补匹配包括：组织提供财务、物质和心理资源，提供工作发展和人际交往的机会来满足个体的需要；个体则通过提供自身的时间、努力、承诺和综合能力等资源来满足组织的要求。

第三节　管理胜任力模型的特征

一、管理人员胜任力特征要素

国外管理学者和心理学者对管理人员胜任特征要素做了许多深入的研究，他们的研究对于分析企业中层管理者的胜任特征要素具有一定的指导和借鉴意义。国内的学者对于企业中层管理者和一般管理者胜任特征要素的研究较多，不同学者根据自己所在的不同行业和企业，根据工作岗位和工作性质从不同视角对企业的管理人员的胜任特征要素做出了归纳和总结。

通过分析、整理和归纳国内外管理专家对企业中层管理人员、一般管理人员和特定的企业中层管理职位的研究，得到相关研究成果见表2-8。

表2-8　　　　　国内外对于管理人员胜任力要素特征的研究成果

研 究 者	年份	研究对象	胜任力特征要素
Robert L·Katz	1955	一般管理人员	技术技能、人际技能和概念技能
McBer 和美国管理协会	1970	优秀管理人员	在职成熟度、专业知识、企业家成熟、心智成熟度、人际间成熟度
Kirkparick	1977	一般管理人员	激励下属、沟通技巧、掌握技能、强化纪律、自我发展
Lester D	1980	一般管理人员	沟通的能力、组织计划的制订能力、激励员工的能力、团队合作的能力、领导能力、集权和分权相结合的能力、决策能力、识别人才的能力、培养和训练下属的能力
Richard Boyatzis	1982	管理人员通用模型	目标和行动管理、人力资源管理、关注他人、指导下属技能、领导和特殊知识
Bray	1974	经理人员	语言表达能力、人际关系能力、社会敏感性、创造性、计划能力、决策能力
L·M·Spencer、S·M·Spencer	1983	企业家	主动性、关系建立、捕捉机遇、监控、坚持性、关注质量、自信
Cockerill	1995	一般管理人员	科研技术的研究、概念能力的理解能力、人际关系的处理、个人影响力、企业和个人的发展方向、一定的远见和预见性以及以成就导向
Bartlett Ghoshal	1997	一般管理人员	知识/经验、态度/特征和技能/能力
Arthur Yeung、John Sullivan	1998	人力资源专家	业务知识、信用与诚实、客户导向、系统的思维、有效的沟通
Mount	1998	经理人员	人际关系、管理决策、技术技能
Kyoo Yup Chungt	2000	韩国酒店经理	管理分析技术、管理员工和工作、问题识别和沟通、适用环境变化和获得知识、技术及创新和操作知识
Lewis	2002	酒店经理	成就导向、乐观和热情、信息搜寻、客户服务导向、组织关怀、诚实、自学、分析思维、创新、洞察力、团队合作、领导力、专业技能、自我控制、沟通交流、自信、人际关系
Bueno、Tubbs	2004	全球领导力	尊重他人和敏感性、沟通技巧、开放性、灵活性、学习动力

续表

研 究 者	年份	研究对象	胜任力特征要素
黄英忠	1993	一般管理人员	理念技能、人际技能和技术技能
张裕隆、李俊明	1998	企业中层管理人员	创新能力、解决问题的能力、团队建设的能力和培养下属的能力
吴彦辉	2000	一般管理人员	概念技能、专业技能、人际技能、领导技能和行政技能
顾琴轩、李剑、朱牧	2001	企业中层管理人员	痛恨官僚主义、正直、计算机的基本知识和操作、创新授权能力、战略性思维、利润意识、责任心、自我管理能力、适应能力、沟通能力、人际关系观、激励、产品质量意识、并明豁达管理伦理观、顾客需求意识、团队合作能力、管理知识和技能
王重鸣、陈民科	2002	中高层管理人员	管理素质和管理技能
时勘、王继承、李超	2002	通信企业高层领导人员	影响力、自信和发展他人、组织承诺、信息寻求、成就欲、团队领导、人际洞察能力、主动性、客户服务意识
苗青、王重鸣	2003	中国企业家	基于能力、战略能力、关系能力、组织能力、概念能力、承诺能力
张德、魏军	2005	商业银行客户经理	拓展演示、关系管理、把握信息、协调沟通、参谋顾问和自我激励
刘学方、王重鸣	2006	家族企业中高层管理人员	关系管理、自知开拓、诚信正直、学习沟通、科学管理、专业战略、组织承诺和决策判断
张碗	2008	企业中层管理人员	激励下属的能力、理解能力、人际交往的能力、团队合作的能力、授权的能力、创新能力、与企业员工沟通的能力、自我调节能力、培养下属的能力、正直的品质、自我学习能力、影响下属的能力、灵活处置事务的能力、勇于承担责任、为客户服务的意识、全局观念、自信的品质、企业战略思维的能力、管理的主动性
张帆	2009	企业中层管理人员	管理者的素质、人际交往的能力、团队精神与团队合作、积极进取精神品质、自我管理与自我学习能力、全局的观点、目标导向和处理问题的能力
王莉	2009	国有中型制造业中层管理人员	正直诚信的品质、思考问题的能力、处理问题的能力、激励下属的能力、团队合作与团队精神、自我控制、培养下属的能力、沟通协调能力、专业知识、关系处理的能力、对客户的服务意识、承担任务的责任心、影响下属的能力、信息处理能力

二、管理胜任力的模型基础

1. 冰山模型

麦克利兰于1973年提出了著名的冰山模型（图2-13），胜任力冰山模型将员工的岗位胜任能力比喻为一座冰山，显露在冰山表面的部分是员工浅层的知识和技能，潜藏于水面之下，难以被判断和识别的是员工的自我认知、动机、特质和价值观。在这一模型中，在水面下越深的胜任力要素越不容易被感知与挖掘。

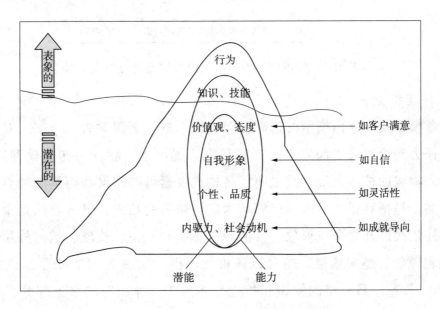

图2-13 "管理胜任力"的冰山模型

从冰山模型中可以看出胜任力的构成要素包括知识、技能、社会角色、自我概念、特质、动机等，具体如图2-14所示。

其中知识和技能大部分与工作所要求的直接资质相关，能够在比较短的时间使用一定的手段进行测量，如可以通过考察资质证书、考试、面谈、简历等具体形式来测量，也可以通过培训、锻炼等办法来提高这些素质。而价值观、自我概念、特质和动机往往很难度量和准确表述，又少与工作内容直接关联。只有其主观能动性变化影响到工作时，其对工作的影响才会体现出来。考察这些方面的内容，每个管理者有自己独特的思维方式和理念，但往往因其偏好而有所局限。管理学界及心理学有一些测量手段，但往往复杂不易采用或效果不够准确。

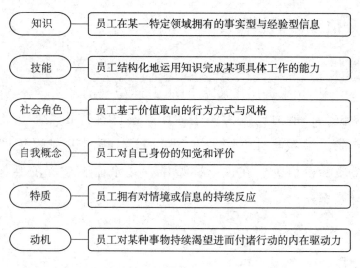

图 2-14 "管理胜任力"冰山模型的胜任力构成要素

2. 洋葱模型

洋葱模型是在冰山模型的基础上演变而来的。美国学者 Boyatzis 对麦克利兰的胜任力理论进行了深入和广泛的研究，提出了"胜任力洋葱模型"，展示了胜任力构成的核心要素，并说明了各构成要素可被观察和衡量的特点。所谓洋葱模型，是把胜任力由内到外概括为层层包裹的结构，最核心的是个性、动机，向外依次展开为自我形象、价值观、态度和知识、技能。越向外层，越易于培养和评价；越向内层，越难以评价与习得，如图 2-15 和图 2-16 所示。大体上，"洋葱"最外层的知识和技能，相当于"冰山"的水上部分；"洋葱"最里层的动机和个性，相当于"冰山"水下最深的部分；"洋葱"中间的自我形象、态度、价值观等，则相当于"冰山"水下浅层部分。

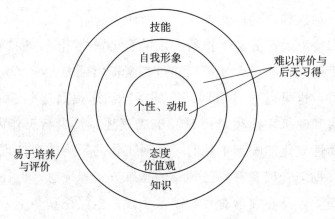

图 2-15 "管理胜任力"的洋葱模型

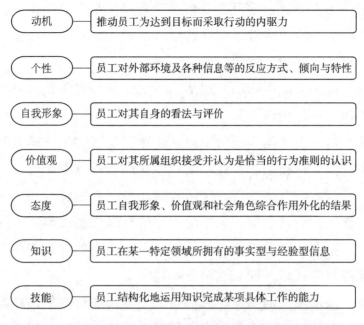

图 2-16　"管理胜任力"的洋葱模型胜任力构成要素

洋葱模型同冰山模型相比，本质是一样的，都强调核心胜任力或基本胜任力。对核心胜任力的测评，可以预测一个人的长期绩效。相比而言，洋葱模型更突出潜在胜任力与显现胜任力的层次关系，比冰山模型更能说明胜任力之间的关系。

3.蜂窝模型

洋葱模型与冰山模型在本质上并没有太大差异，它们作为一种分析胜任力的基础框架，可以提供很好的指引，但均带有较强的学术特点，对非心理学专业人士来说不容易理解，比如自我概念、社会角色等专业术语往往让人产生误解。因此，我们结合多年构建和应用胜任力模型的经验，在不改变其本质特质的基础上，对斯潘塞的冰山模型进行了操作性的定义和简化，使之更为符合一般人的认知习惯，称为胜任力的蜂窝模型，如图 2-17 所示。

在蜂窝模型中，胜任力是包含知识、技能、经验、能力、个性和动机六大要素的整合体，为了更为准确地表述各要素的内涵及其相互之间的关系，先对其进行明确的界定，再通过具体的例子来说明这些比较抽象的概念。

图 2-17　胜任力的蜂窝模型

（1）知识：指人们通过学习活动获得对某一专业方面的认识。这些知识使一个人知道某件事，而非能够做到这件事，比如 MBA 学生掌握了很多管理知识，但并不代表就能够做好管理工作。

（2）技能：指个体应用知识完成某一特定任务的动作系统，比如外科医生能够熟练地为病人缝合伤口。

（3）经验：指人们从实践经历中得到的对客观事物规律的认知与总结，比如高山向导不需要高科技的导航设备就能够在原始森林中穿行。

（4）能力：指影响个体执行特定活动或任务的心理特征和行为模式，比如优秀的警察能够在大量繁杂的信息中应用逻辑推理快速找出破案的线索。

（5）个性：指个体区别于他人的、在不同环境中显现出来的、相对稳定的心理特征，比如内向还是外向，情绪是否稳定等。

（6）动机：指促使人们从事某种活动或产生某些行为的内在驱动力，比如具备较强的成就动机的人会不断为自己设定具有挑战性的目标，而具有较强创新动机的人，总是在思考新点子。

与冰山模型类似，蜂窝模型的六个要素也具有一定的层次性。知识与技能是最为显性的，也是最容易观察和培养的；经验和能力次之，其中能力具有一定程度的先天因素，但依然可以通过后天的努力加以习得，比如对语言和文字的理解、逻辑分析能力等，都能够在反复的练习中得到提升，而经验的积累则需要更多时间的历练；个性和动机属于最底层的特质，也是最难观察和改变的，但在某种程度上往往起到更为决定性的作用。

图 2-18 以"有效沟通"这一常见的胜任力特征为例来比较直观地说明蜂窝模型的特点。在分析框架中，每一种胜任力都可以解构成类似的六个"小蜂窝"，它们交织在一起、相互作用，形成一个紧密的结构，支撑着人们在实际工作中表现出稳定的高绩效行为。需要说明的是，虽然胜任力可以进行

图 2-18 "有效沟通"的蜂窝模型

分析与解构，但并不能将其割裂开来，因为这六种要素是相辅相成的，缺少其中任何一种都无法构成完整的胜任力结构。

三、岗位胜任能力模型结构

中国南方电网有限责任公司（以下简称"南方电网公司"）对岗位胜任能力的定义为：岗位胜任能力是驱动员工产生优秀工作绩效的各种个性特征的集合，是可以通过不同方式表现出来的知识、技能、个性和内驱力等。胜任能力是判断一个人能否胜任某项工作的起点，是决定并区别绩效好坏差异的个人特征，但该特征必须是可以测量、可以观察和可以指导的。

依据一般岗位胜任能力模型和评价标准的要求，结合冰山模型，电网企业岗位胜任能力模型分为三个维度：知识维度、技能维度和潜能维度，如图 2-19 所示，其中知识维度、技能维度为冰山上的部分，潜能维度为冰山下的部分。

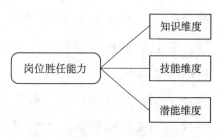

图 2-19　岗位胜任能力模型构成图

岗位胜任能力模型的结构包括维度、模块、要素、技能定义、技能要求五个部分。

1. 维度

维度包括知识维度、技能维度和潜能维度。

（1）知识维度：指各岗位人员从事本岗位工作所需要的知识体系。

（2）技能维度：指各岗位人员从事本岗位工作所需要的技术能力。

（3）潜能（能力素质）维度：指各岗位人员在从事本岗位工作时所具备的内在能力。

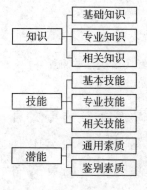

图 2-20　管理人员
胜任能力模型模块

2. 模块

模块包括基础知识、专业知识、相关知识、基本技能、专业技能、相关技能、通用素质和鉴别素质，如图2-20所示。

（1）基础知识：指电网企业管理人员常用的管理类知识，如战略管理知识、流程管理知识等。

（2）专业知识：包括专业核心知识和专业管理知识，专业核心知识是序列对应的核心岗位的核心知识，如人力资源序列对应的薪酬管理岗的人工成本预算等；专业管理知识是管理人员从事专业管理所必须具备的知识，如人力资源序列的人力资源规划及计划知识等。

（3）相关知识：指对应部门的辅助岗位及其他部门相关岗位的知识，如基建序列的相关知识包括电力调度管理知识等。

（4）基本技能：指电网企业管理人员胜任工作岗位、实现有效管理所需具备的技巧和能力。与基础知识一一对应，如战略管理、流程管理等。

（5）专业技能：包括专业核心技能和专业管理技能。专业核心技能是序列对应的核心岗位的核心技能，如人力资源序列对应的薪酬管理岗的薪酬预算等。专业管理技能是管理人员从事专业管理所必须具备的技能，如人力资源序列的年度培训计划制定等。

（6）相关技能：对应部门的辅助岗位及其他部门相关岗位的技能，如基建序列的相关技能包括培训管理等。

（7）通用素质：管理类岗位通用的潜能，如影响力、组织协调能力等。

（8）鉴别素质：区别于其他岗位特有的潜能，如服务意识、关注细节等。

3. 要素

（1）要素名称：这里的要素指具体的评价要素，是知识、技能、潜能的三级指标。评价要素是指能够区分绩效优秀员工与绩效一般员工的知识、技能、态度、特征等能力素质的名称，比如安全生产管理、资金管理。

（2）要素代码：包括 KB、KS、SB、SS、P1 等。

1）KB：指基础知识，要素编码采取"结构"和"模块分类"的英文缩写＋"-"＋数字代码，例如："KB-1"［知识：knowledge（K），基础：basic（B）］。

2）KS：指专业知识，要素编码采取"结构"和"模块分类"的英文缩写＋"-"＋数字代码，例如："KS 1"［知识：knowledge（K）、专业：special（S）］。

3）SB：指基础技能，要素编码采取"结构"和"模块分类"的英文缩写＋"-"＋数字代码，例如："SB-1"［技能：skill（S）、基础：basic（B）］。

4）SS：指专业技能，要素编码采取"结构"和"模块分类"的英文缩写＋"-"＋数字代码，例如："SS-1"［技能：skill（S）、专业：special（S）］。

5）P1：指潜能，编码方式采用"潜能"的英文缩写＋数字＋"-"＋数字序号的形式，例如："P1-1"［潜能：potential（P）］。

4. 技能定义

技能定义是指具体的知识点和技能要求解释，可以根据某要素的行为描述得出，通过对管理人员采用行为事件访谈法、问卷调查法等获得该能力的相关信息，从而给技能要素下定义。

5. 技能要求

由于不同层级、不同岗位的管理人员其技能要求存在一定差异，因此对技能进行分级，由低到高分为★、★★、★★★三个层级。而具体到基础知识/技能、专业知识/技能和潜能，对各个层级的定义也存在差异。

管理人员岗位胜任能力结构模板见表2-9。

表2-9　　　　　　　　　管理人员岗位胜任能力结构模板

结构	模　块	要素代码	要素名称	能力定义	等级要求
知识	基础知识	KB-1	×××	×××	★★★
					⋯
	专业知识				
	相关知识				
技能	基本技能	SB-1	×××	×××	★★★
	专业技能				
	相关技能				
潜能	通用素质	P1-1	×××	×××	★★★
	鉴别素质				

第三章　管理胜任力模型构建的方案设计

在构建岗位胜任力模型之前首先应对项目方案进行设计，本章在第一节阐述构建电网企业管理胜任力模型的目标、原因、对象、计划及结果，从而对胜任力模型的项目方案有了指导性的理解。第二节对模型构建前的岗位梳理和模型调研进行阐述，表明构建模型前的主要准备工作。第三节对模型构建的原则和方法进行阐述，任何研究的方法论研究都是至关重要的。

第一节　构建模型的项目方案

项目方案是对项目的总体性规划，是整个项目的指导性文件。一般而言，项目方案首先需要对项目的需求进行阐述，即明确"项目的目标是什么"和"为什么做这个项目"的问题；再次，项目方案需要对项目的思路、方法、操作流程等进行说明，即回答"怎么做这个项目"的问题；除此之外，项目方案需要对项目的最终成果进行明确，即回答"项目做成什么样"的问题。当然，不同项目方案的具体结构不同，这需要根据项目的实际情况进行灵活安排。项目方案的制订一定要严谨科学，前期要做充分的调研和准备，以保证整个项目的质量。以应用为导向的胜任力模型，其根本还是要应用于实践，因此，项目方案的出发点是企业的需求，其他活动都围绕此展开。为了使项目活动能够紧密围绕需求展开，在构建以应用为导向的胜任力模型时，可以通过以下 5 个方面的问题来帮助理清思路：

（1）构建胜任力模型的目标——企业要构建什么样的胜任力模型？

（2）构建应用型胜任力模型的原因——企业为什么要构建胜任力模型？

（3）构建胜任力模型的对象——企业针对什么人群构建胜任力模型？

（4）构建胜任力模型的计划——企业构建胜任力模型具体的实施步骤和行动是什么？

（5）构建胜任力模型的结果——企业构建胜任力模型的预期结果是怎样？

一、企业构建胜任力模型的目标

企业构建胜任力模型的目标是构建以应用为导向的胜任力模型的根本出发点，整个模型的构建活动都是围绕这一根本点展开的。随着我国的改革开放和市场化进程，国外的管理知识和经验也被引进到国内，胜任力模型也是这样的"舶来品"。胜任力模型在我国的应用最初是在一些外资企业中，后来一些具有前瞻性眼光和经济实力的国内企业开始效仿，在自己的企业里建立起胜任力模型。但是，这个时期国内企业构建的胜任力模型多是对国外管理模式和方式的学习与尝试，对胜任力模型应用价值的认识并不是非常清晰。随着国内企业界和学界对胜任力模型认识的深入，很多企业已经不满足于仅仅构建起胜任力模型，胜任力模型的应用也越来越受到重视，以应用为导向的胜任力模型逐渐成为国内胜任力模型构建的主流思路。以应用为导向的胜任力模型构建思路不仅将胜任力作为一种区别绩优员工与普通员工的标准，更关注如何将这一标准与企业的经营发展相结合，将其应用于与企业战略相适应的人力资源管理当中。因此构建胜任力模型的目标即将胜任力模型应用于培训等人力资源管理中。

二、企业构建应用型胜任力模型的原因

"企业为什么要构建应用型胜任力模型？"尽管胜任力模型的应用价值高、应用范围广泛，但只有和企业的实际情况紧密结合时，才能发挥应有的作用。因此，在构建胜任力模型前必须要确定该模型的应用价值。这需要结合企业的规模、发展阶段和目前企业在人力资源管理过程当中遇到的问题具体分析。例如，国内某知名钢铁企业构建了胜任力模型，用于后备人才的选拔和培养。其目的是为企业业务向上、下游产业拓展储备大量的人才，帮助企业实现由"精品战略"向"精品＋规模战略"提供有力的人才保证。

另外，明确构建胜任力模型的应用型目标，一方面有助于构建胜任力模型的项目获得持续不断的支持；另一方面，可以使得所有参与者的工作焦点更为集中，从而保证项目的顺利进行。

三、企业构建胜任力模型的对象

在确定了企业构建胜任力模型的目标和原因后，则需要围绕这一目标考虑

到底对哪些工作、职能或者事业部进行改进，从而确定构建胜任力模型的对象。胜任力模型根据对象可分为三大类，分别是全员核心胜任力模型、领导力模型和专业能力模型。全员核心胜任力是指公司全体员工所需要的观念特征，包含企业所期望的员工品性特征，反映企业和组织的价值和文化。领导力反映了行业或组织的知识以及履行不同职能所必须具备的综合管理能力。专业能力是履行一个工作岗位或角色所必须具备的产品、服务、流程和技术应用等专业的知识和技能，如销售、市场、财务、人力资源管理等。构建胜任力模型的对象需要根据目标来确定。比如，企业在宣传贯彻企业文化时，常会选择全员通用胜任力模型；在企业战略落地时，常会选择领导力模型；在培养企业的关键岗位上的核心人才时，常会选择专业能力模型。不同岗位的胜任力要素如图3-1所示。

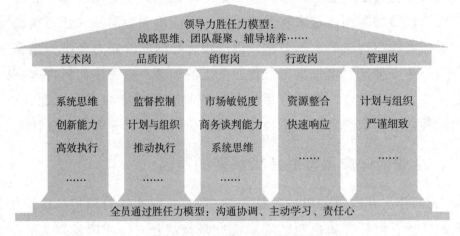

图3-1　不同岗位的胜任力要素

四、企业构建胜任力模型的计划

在确定了项目的目标和范围后，一般要按照项目管理的思路对执行过程中的各个环节进行细致规划，即在有限的资源约束下，运用系统的观点、方法和理论，对项目涉及的全部工作进行有效的管理。这需要制定出详细的项目计划。计划是通过文字和指标等形式确定在未来一段时期内工作的内容、方式方法和时间安排的管理，是控制工作量、评估项目进展和项目相关人员沟通的主要工具。不同类型项目的项目计划不同，就构建胜任力模型的项目而言，模型的构建模式主要有两类。

第一类模式是"从零开始"的传统模式，这种方式需要通过归纳法及演绎法来收集、分析企业内部高绩效员工的行为案例，精细加工汇编，为企业量身定做，形成符合企业特色的胜任力模型成果。该种建模方式适用于企业内的任何工作、职能或者角色，且具有较高的针对性和企业自身特色，在后期的人力资源管理过程中的衍生价值更大，但是由于它的资料收集及分析过程较为复杂，因此较为浪费人力、物力。

第二类模式是在已有模型的基础上进行改造和调整的简易模式，这种模式以经过验证的胜任力模型为基础，通过对企业的了解，在原有模型的基础上进行修改和完善。这种方式由于节省了大量的人力、物力和时间，因此效率高、成本低，但由于没有经过实际数据的收集、分析和论证，使得模型成果的针对性及组织特色不够鲜明，后期所衍生的使用价值不如第一类模式高。

由于第一类构建模型的模式所需的技术更为复杂，构建的模型的衍生价值更大，本章主要对第一类构建模型的模式进行介绍。该种建模方式的项目执行流程总体可以分为三个阶段，分别是：模型分析、初稿研讨、校验定稿，如图3-2所示。

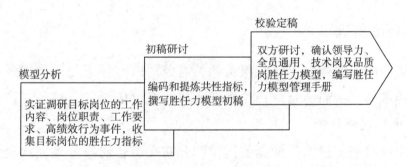

图3-2　建模项目执行流程

在模型分析阶段，项目组的主要工作是通过行为事件访谈、专家访谈、内容分析法、文献法等方法，调研确定目标岗位的工作内容、岗位职责、工作要求和高绩效的行为事件；在初稿研讨阶段，主要是针对前期收集的数据及资料进行汇总整理，结合实际情况，探索出管理人员岗位胜任力模型的编制方法，形成知识、技能和潜能模型；在校验定稿阶段，主要是通过专家小组评价法、数据分析法，确定最终的模型结构及内容。项目计划最终可用列表的形式呈现出来，清晰明了，且方便查看项目的进度。一般而言，项目计划列表的内容主要包括工作的具体步骤、每项工作的责任人、时间安排、工作产出等。

五、企业构建胜任力模型的结果

确定企业构建胜任力模型的实施目标实际上是对构建模型的结果进行预期，并告诉我们该如何判断是否已经取得了这些成果。一个好的构建模型的实施目标应具备以下的特点：首先，它必须是清晰、具体、明确的，应当说明时间、对象和效果等信息；其次，它是现实可行的，标准的设定要符合企业的实际情况和构建模型的目标；再次，它是可以被衡量的。

第二节　构建模型的前期准备

"磨刀不误砍柴工"，在制定胜任力模型构建方案之后，仍需要做好一些其他的准备工作。准备工作是项目开展的基础，准备工作能否到位直接影响到项目是否能够顺利实施。本节将从岗位梳理和模型调研两方面来介绍构建胜任力模型的前期准备工作。

一、岗位梳理

为理清各岗位之间的工作汇报关系，对公司内部各岗位人员的状况有较为系统全面的掌握，从而为管理岗位胜任力研究提供依据。

1. 岗位梳理的目的

（1）岗位梳理的根本目的是使岗位的分布和组合能最好地完成企业的主要经营活动。

（2）通过岗位梳理理清各岗位之间的工作汇报关系，对公司内部各岗位人员的状况进行较为系统全面的掌握，为管理岗位胜任力研究提供依据。

（3）有利于组织精简，提高工作效率。

（4）为公司人才引进、内部选拔提供可衡量的依据。

（5）为公司人力资源体系建设奠定基础，包括薪酬设计、绩效评估、培训等。

2. 岗位梳理的基本原则

（1）全覆盖：按照序列与专业分类，根据各电网企业最新岗位说明书，按照专业类别对其下属的各个岗位进行梳理，保证对所有的岗位全面覆盖。

（2）独立互斥：避免重复建设，将工作职责相同但属于不同部门的岗位进行合并以及优化调整。

3. 岗位梳理的主要内容

（1）首先对原有岗位进行整理，了解分属于电网公司本部、地市级单位和县级单位的岗位设置状况，明确以下两个问题：

1）目前已经设置了哪些岗位？

2）这些岗位的工作是什么？

（2）岗位梳理时要根据已经明确的现有岗位设置状况，解决以下三个问题：

1）是否有新的岗位出现？

2）有哪些岗位工作内容或工作职责发生了改变？

3）原来梳理的岗位有没有需要合并或删减的？

（3）在岗位梳理过程中，应该着重于岗位的工作职责、权限、工作目标、工作关系等方面的梳理，可以从"专业""业务流程""工作任务"等多个角度梳理。

4. 岗位梳理的主要方法

可以通过问卷调查法、访谈法等工作分析方法，对不同专业职系的相关工作人员就有关基本要素进行提问，确定岗位的特点。

（1）问卷调查法：问卷调查法也称"书面调查法"，或称"填表法"，是用书面形式间接搜集研究材料的一种调查手段，通过向调查者发出简明扼要的征询单（表），请示填写对有关问题的意见和建议来间接获得材料和信息。

（2）访谈法：访谈，就是研究性交谈，是以口头形式，根据被询问者的答复搜集客观的、不带偏见的事实材料，以准确地说明样本所要代表的总体的一种方式。尤其是在研究比较复杂的问题时需要向不同类型的人了解不同类型的材料。访谈法收集信息资料是通过研究者与被调查对象面对面直接交谈的方式实现的，具有较好的灵活性和适应性。访谈广泛适用于教育调查、求职、咨询等，既有事实的调查，也有意见的征询，更多用于个性、个别化研究。

实际工作中，大多数岗位分析包括以上要素，但是细目和方式却各不相同，用各种具体方式处理这些要素要根据所制定的岗位评价方案和企业特点而定。

5. 岗位梳理的基本要求

（1）岗位梳理是一项系统性工作，因此在岗位梳理过程中，必须明确规范

"岗位名称"的标准语，统一认识。

（2）岗位梳理需要用简洁明了的语言对岗位名称和岗位职责范围作明确规定。采用严谨语言进行描述，避免含糊不清；对职责相同的岗位统一用一个称谓，避免不同岗位的职责相同或相似。

6. 岗位梳理实例

本实例针对管理岗开展岗位梳理，结合各电网公司的实际情况，分层分类梳理出管理人员岗位。

（1）岗位分层：根据电网公司的岗位设置规范，主要包括分子公司本部、地市级单位、县区级单位三个层次；管理岗的岗位级别可以划分为处级、副处级、科级、副科级；管理岗的岗位序列可以划分为专业管理序列和决策管理序列。

（2）根据所属单位和部门职能承担不同，南方电网公司本部包括办公室、人事部、人力资源部、财务部、企业管理部、计划发展部、市场营销部、信息、安全监察、纪检监察、党群等25个部门的典型岗位；地市级单位包括安全监管部、办公室、变电管理所、财务部、工会、基建部、计划发展部等26个部门的典型岗位。将岗位与层级相对应，形成电网企业公司管理岗梳理表。电网企业公司管理岗梳理表（示例）见表3-1。

表3-1　　　　　　　　电网企业公司管理岗梳理表（示例）

序号	岗位名称	层　级	所属部门	岗位分类	岗位序列	所属职系	管理岗位
1	副主任	副处级	办公室	管理类	专业管理序列	职能管理职系	管理岗位
2	正、副科长	正、副科级	办公室\秘书科	管理类	专业管理序列	职能管理职系	管理岗位
3	正、副科长	正、副科级	办公室\保密文档科	管理类	专业管理序列	职能管理职系	管理岗位
4	正、副科长	正、副科级	办公室\公关科	管理类	专业管理序列	职能管理职系	管理岗位
5	正、副科长	正、副科级	办公室\综合科	管理类	专业管理序列	职能管理职系	管理岗位
6	正、副科长	正、副科级	办公室\外事科	管理类	专业管理序列	职能管理职系	管理岗位
7	正、副科长	正、副科级	办公室\新闻科	管理类	专业管理序列	职能管理职系	管理岗位

二、模型调研

岗位梳理完成之后，需要深入到各个单位开展实际调研，以确认岗位梳理的结果是否与实际情况相符。调研过程中，结合胜任力模型构建的一些具体思路，收集各位专家对胜任力模型构建和岗位梳理结果的看法和建议。

1．调研准备

为更高效、准确地收集建模所需的资料，需进行专家访谈的准备工作。

（1）撰写访谈计划，形成访谈方案：制定访谈提纲、访谈日程表、访谈记录表，准备访谈所需材料和工具。

（2）访谈对象的选取和访谈对象资料获取的协商、沟通。了解被访者的背景资料，如姓名、年龄、部门、岗位、学习经历与工作经历等信息。

（3）访谈时间、地点安排的沟通。

（4）部门负责人访前与被访谈者沟通（告知访谈目的，合理调整时间）。

（5）课题组分工组成访谈小组，明确访谈目标、访谈内容、访谈流程，分配各小组的访谈任务。

2．访谈实施

访谈过程中，需要重点针对模型构建思路和岗位梳理的结果与专家展开交流。

（1）明确建模对象：在建模前，须明确建模的对象，如图 3-3 所示。本书主要针对的是电网企业管理人员的胜任力模型，因此应对电网企业中管理人员进行分析。对于已有模型的岗位，则在既有模型基础上进行建模。比如对于南方电网公司而言，专业管理序列重点对地市级单位部门主任建模，省公司部门副职、科长、县区部门主任在既有模型基础上建模；决策管理序列重点对县区领导班子建模，地市领导班子在既有模型基础上建模。

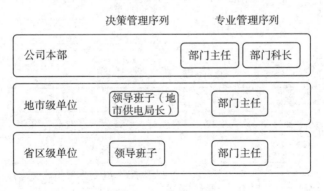

图 3-3 建模对象

（2）明确模型分类：电网企业一般包括专业管理序列和决策管理序列，针对不同管理序列确定模型分类。专业管理序列包括省公司科长、地市县区部门负责人按 18 类建模（表 3-2）、省公司部门副职按 8 类建模（表 3-3）；决策管理序列按正职、副职建模，其中副职按生产、职能两类建模。

表 3 - 2　　　　　　　　　　　**专 业 管 理 18 类 建 模**

序号	专业类别	涉及部门数	所 属 部 门
1	行政业务序列	2	办公室、新闻中心
2	企管业务序列	1	企业管理部
3	规划计划业务序列	1	计划发展部
4	人力资源业务序列	1	人力资源部、离退休服务中心
5	财务会计业务序列	1	财务部
6	市场营销业务序列	6	市场营销部、计量中心、客户服务中心、营销稽查中心、节约用电服务中心、城区分局
7	生产技术业务序列	3	生产设备管理部、输电管理所、变电管理所、城区分局
8	基建工程业务序列	1	基建部
9	物资业务序列	1	物流服务中心
10	信息技术业务序列	1	信息中心
11	安全监察业务序列	1	安全监管部
12	农电业务序列	1	农电管理部
13	审计业务序列	1	监察审计部
14	法律事务业务序列	1	企业管理部
15	纪检监察业务序列	1	监察审计部（纪委办公室）
16	政工业务序列	1	政治工作部（党委办公室、团委）
17	工会业务序列	1	工会
18	调度控制业务序列	1	系统运行部
	合计	25	

表 3 - 3　　　　　　　　　　　**决 策 管 理 8 类 建 模**

专业类别（8类）	岗 位 职 责
安全生产类	负责生技、安全监管、系统运行、农电、信息、物资等相关工作
市场营销类	负责市场营销相关工作
基建规划类	负责基建、计划发展等相关工作
企管综合类	负责办公室、企业管理（战略）、法律事务等相关工作
人力资源类	负责人事、人力资源等相关工作
党群政工类	负责工会、党务、政治等相关工作
检查审计类	负责监察、审计等相关工作
财务管理类	负责财务工作

（3）明确模块划分及其定义：分为知识、技能和潜能，其中知识、技能细分为基础、专业和相关，潜能分为通用与鉴别，见表3-4。模块比重应在模型应用的时候动态确定，比如用于选聘、培训的时候，比重应该不一样。

表 3-4　　　　　　　　　模 块 划 分 及 定 义

结构	模　　块	定　　义
知识	基础知识（常用管理知识）	电力企业管理人员常用的管理类知识，如战略管理知识、流程管理知识等
	专业知识（专业核心知识、专业管理知识）	（1）专业核心知识是序列对应的核心岗位的核心知识、如人力资源序列对应的薪酬管理岗的人工成本预算等。 （2）专业管理知识是管理人员从事专业管理所必须具备的知识，如人力资源序列的人力资源规划及计划知识等
	相关知识	对应部门的辅助岗位及其他部门相关岗位的知识，如基建序列的相关知识包括电力调度管理知识等
技能	基础技能（常用管理技能）	电力企业管理人员胜任工作岗位、实现有效管理所需具备的技巧和能力，与基础知识——对应，如战略管理、流程管理等
	专业技能（专业核心技能、专业管理技能）	（1）专业核心技能是序列对应的核心岗位的核心技能，如人力资源序列对应的薪酬管理岗的薪酬预算等。 （2）专业管理技能是管理人员从事专业管理所必须具备的技能，如人力资源序列的年度培训计划制定等
	相关技能	对应部门的辅助岗位及其他部门相关岗位的技能，如基建序列的相关技能包括培训管理等
潜能	通用（领导力）素质	管理类岗位通用的潜能、如影响力、组织协调能力等
	鉴别素质	区别于其他岗位特有的潜能，如服务意识、关注细节等

（4）明确题库建设和测评方式：知识、技能的题库，重点在于开发解决业务问题的实践性题目、综合性题目（答辩、情境式考核），而非理论性的题目。潜能的题库，以经典心理测试、无领导小组讨论等题目为重点。

构建胜任力模型的前期准备需要制定合理的项目方案，作为整个项目的行动指南。另外，项目的前期准备还需要进行岗位梳理和模型调研。如同建造房屋一样，只有地基打得牢固，房屋的地上部分才能稳固。尽管构建胜任力模型前期准备工作量较大，但是却是不可或缺的。

第三节　构建模型的原则与方法

一、构建胜任力模型的基本原则

在提炼评价要素和评价内容时需注意的原则如图 3 - 4 所示。

图 3 - 4　构建胜任力模型的基本原则

（1）评价内容的合理性：评价内容需符合岗位的实际工作，能够体现工作任务核心能力要求，而不是具体工作事项。

（2）评价内容的一致性：评价内容描述方式要统一一致，并且准确规范。

（3）评价内容的规范性：评价内容描述要达到规范性要求，评价标准的语言描述规范一致，评价内容的描述通顺严谨，不存在语病。

（4）评价要素的区分度：评价要素应覆盖本专业类别最关键的工作，评价要素所要求的能力能区分优秀员工与绩效一般员工，也能区分应该掌握此能力的员工和对此能力要求不高的员工。

（5）评价要素的颗粒度：相同级别的各评价要素所要求的能力范围大小应一致。

（6）评价要素的逻辑度：相同级别的各评价要素之间不应该存在包含与被包含关系，且排列顺序应合理。

二、构建胜任力模型的基本方法

岗位胜任力模型的构建方法目前大部分都集中于潜能，而知识技能评价标准的编制方法几乎是空白的。本书所讲的构建方法主要针对岗位胜任能力中知识、技能部分模型的编制技术，包括资料分析法、访谈法、问卷调查法、职能分析法、行为事件访谈法、德尔菲法、专家小组或焦点小组法、麦克利兰的胜任力词典、外部标杆法等多种研究方法。

1. 资料分析法

资料分析法是收集相关文件资料，了解并进一步调查每一项工作的任务、责任、权力、工作负荷、任职资格的方法。岗位责任制是国内企业特别是大中型企业十分重视的一项制度，但岗位责任制只是规定了工作的责任与任务，没有规定该项工作的其他方面，如工作的社会环境、自然环境、聘用条件、工作流程以及任职条件等。根据企业的具体情况，利用资料分析法，可以对岗位责任制添加必要的内容，形成一份完备的工作描述与任职说明书。

2. 访谈法

访谈，就是研究性交谈，是以口头形式，根据被询问者的答复搜集客观的、不带偏见的事实材料，以准确地说明样本所要代表的总体的一种方式。尤其是在研究比较复杂的问题时需要向不同类型的人了解不同类型的材料。访谈法收集信息资料是通过研究者与被调查对象面对面直接交谈方式实现的，具有较好的灵活性和适应性。访谈广泛适用于教育调查、求职、咨询等，既有事实的调查，也有意见的征询，更多用于个性、个别化研究。

3. 问卷调查法

问卷调查法也称"书面调查法"，或称"填表法"，是用书面形式间接搜集研究材料的一种调查手段。通过向调查者发出简明扼要的征询单（表），请示填写对有关问题的意见和建议来间接获得材料和信息。

按照问卷填答者的不同，问卷调查可分为自填式问卷调查和代填式问卷调查。按照问卷传递方式的不同自填式问卷调查，又可分为报刊问卷调查、邮政问卷调查和送发问卷调查。按照与被调查者交谈方式的不同，代填式问卷调查又可分为访问问卷调查和电话问卷调查。

4．职能分析法

职能分析法关注的是可以接受的最低限度绩效。这种方法将焦点放在实际的工作上，而不是关注个人，通过分析，识别出一个职位或工作的职能。职能分析法的步骤是：首先需要调查职位的工作责任、任务、角色和工作环境，同时提取、分析该职位的工作职责和其扮演的关键角色；然后对可接受的标准或绩效进行描述，根据角色和工作职责确定胜任力特征；最后确定胜任力模型。浙江大学王重鸣教授就运用基于胜任力的职能分析法，编制了管理综合素质评价量表，并运用这一量表调查了通信行业 220 名中高层管理者，采用因素分析和结构方程模型检验了得到的通信企业高级管理者的胜任特征模型。

5．行为事件访谈法

行为事件访谈法是麦克利兰提出来的建立胜任力模型中应用最广泛、最有效的方法，是一种开放性的、探索行为方式的访谈。行为事件访谈法是在关键事件法和主题统觉测验的基础上提出来的，采用问卷对绩效优秀组和绩效普通组分别进行访谈，要求受访者回忆他们在过去确实发生过的关键事例，包括成功事例、不成功或负面的事例，并且让被访者详细地描述整个事件发生的起因、经过、结果、时间、相关人物以及自己当时的想法等。访谈者需要在访谈的过程中进行记录，并且要对访谈记录的结果进行内容分析，统计各种胜任特征要素在报告中出现的频次，然后对绩效优秀组和绩效普通组的胜任力特征要素发生的频次及相关程度进行比较，找出两组的差异所在，建立胜任特征模型。行为事件访谈法具有良好的信度和效度，受过训练的不同编码者采用最高分数和频次进行编码，其一致性保持为 74%～80%。

6．德尔菲法

德尔菲法，又称专家规定程序调查法。该方法主要是由调查者拟定调查表，按照既定程序，以函件的方式分别向专家组成员进行征询；而专家组成员又以匿名的方式（函件）提交意见。经过几次反复征询和反馈，专家组成员的意见逐步趋于集中，最后获得具有很高准确率的集体判断结果。

德尔菲法本质上是一种反馈匿名函询法。其大致流程是：在对所要预测的问题征得专家的意见之后，进行整理、归纳、统计，再匿名反馈给各专家，再次征求意见，再集中，再反馈，直至得到一致的意见。

德尔菲法有三个明显区别于其他专家预测方法的特点，即匿名性、多次反馈、小组的统计回答。

7. 专家小组或焦点小组法

专家小组或焦点小组法，也就是专家评定法，在实际中应用很广泛，小组成员由了解该工作的人组成，采用头脑风暴法确定成功完成该工作需要具备哪些胜任力。这种方法能够有效地获得胜任力组合，但是不能得到全部的胜任力组合，可能会忽视某些重要的胜任力。一般来说，专家小组获得的胜任力准确率仅相当于行为事件访谈法的50%左右。

8. 麦克利兰的胜任力词典

自1989年起，美国心理学家麦克利兰开始对200项工作所涉及的胜任力进行研究，通过观察从事某项工作的绩优人员的行为及其结果，发掘导致其绩优的明显特征。经过逐步发展与完善，总共提炼并形成了21项通用胜任力要项，构成了胜任力词典的基本内容。研究小组归纳了一系列行为方式，记录了大约760种行为特征。其中与360种行为特征相关的21项素质，能够解释每个领域工作中80%以上的行为及结果。因此，由这21项素质便构成了胜任力词典的基本内容，并且每项胜任力都会由对应的各种行为特征来加以阐释。

事实上，胜任力词典的发展与完善对于一个处于不确定性环境中的企业而言，也要强调其不断更新、提炼、添加与剔除的动态过程，这个过程不但不违背企业培育核心竞争力的要求，同时也能够体现胜任力词典为企业创建个性化胜任力模型所发挥的基本依据与标尺的作用。

9. 外部标杆法

外部标杆法是指从外部找标杆，借鉴成功企业的做法，分析找出成功企业绩效优秀者区别于绩效普通者的胜任特征，将得出的胜任特征与本企业的实际情况相结合，在此基础上构建适用于本企业的胜任特征模型。通过此种方法构建的胜任特征模型具有一定的前瞻性，但对标杆企业有一定的要求，并不是所有成功企业都可以作为标杆企业，标杆企业应与本企业具有相类似的内外部环境、组织形态等。

第四章 管理胜任力模型的开发与构建

本章主要阐述具体的管理胜任力模型的开发与构建，首先对构建胜任力模型的思路和步骤进行简要说明，即岗位梳理—访谈调研—基础知识、基础技能模块构建—专业知识、专业技能模块构建—通用素质、鉴别素质潜能模块构建—管理岗位胜任力模型确立。岗位梳理和访谈调研的内容在第三章都有详尽的内容，因此本章主要对后面几个步骤进行阐述。

第一节 构建胜任力模型的思路和步骤

在胜任力模型的构建活动中，还需对模型构建工作进一步细化，构建胜任力模型的具体思路如下：第一阶段是数据的调研和分析阶段，主要通过实证调研方法收集数据并进行分析，通常使用的方法有岗位梳理、行为事件访谈和问卷调研；第二阶段通过对访谈记录和岗位梳理结果的分析，对基础知识、基础技能模块，专业知识、专业技能模块和通用、鉴别潜能模块划分维度和等级，寻找出可能影响员工绩效的关键能力，形成各模块能力库；第三阶段参照各模块能力库形成知识、技能、潜能三个维度的管理胜任力模型，这一阶段中，主要对第二阶段寻找到的关键能力进行分类，并确定各关键能力的重要等级，将寻找到的各个关键能力梳理整合为管理胜任力模型。管理胜任力模型构建步骤如图4-1所示。

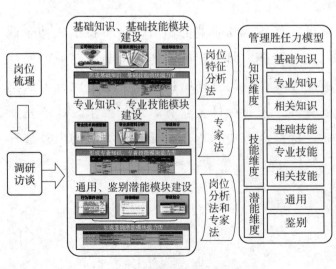

图 4-1 管理胜任力模型构建步骤

第二节 基础知识、基础技能模块构建

基础知识/技能模块是所有管理人员通用的知识和技能，主要内容为电网企业管理人员常用的管理知识和技能。一方面需要结合电网企业实际，在模型中体现公司对管理人员的能力要求；另一方面需要从企业管理的角度出发，分析企业管理所需的知识和技能。

一、公司特征分析

为了正确反映电网企业管理人员岗位所需的能力要素，需要对电网企业发展战略、愿景、使命、核心竞争力和价值观等进行解读。同时结合访谈，明确公司相关领导对管理人员的能力期望，分析提炼得出一部分能力要素。

二、管理类资料分析

管理类资料可以划分为公司内部资料和外部资料两大类。公司内部资料主要包括南方电网公司中高级管理人员课程体系、一般管理人员培训规范、专业技术人员岗位胜任力模型、培训规范等；公司外部资料主要包括 MBA 课程、通用管理培训课程以及经典的企业管理类书籍。

先将符合定义的能力要求先甄选出来，再进行优化、重组、整合，消除冗余，初步形成基础知识、基础技能模块的要素，如图 4-2 所示。

三、维度等级划分

由于在企业中，管理人员分为基层管理、中层管理和高层管理，管理人员的层级不同，其针对同一能力要素的等级要求也会存在一定差异，因此应对各能力要素的等级进行划分。根据一般企业的管理分类，管理相关

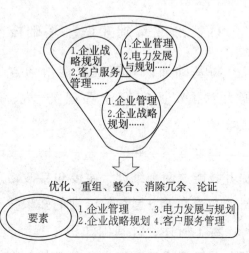

图 4-2 基础知识、基础技能模块要素分析

的基础知识、基础技能模块可以划分为两大类：一类是综合管理，主要包括企业战略、文化等较为全面、综合的知识技能；另一类是业务管理，主要包括生产、物资、财务等与公司生产运营直接相关的知识技能。决策管理序列和专业管理序列在基础知识、基础技能模块的区分主要体现在各维度要素等级要求的差异，如针对决策管理序列，要求重点掌握综合管理维度的内容；而针对专业管理序列，要求重点掌握业务管理维度的内容。所以需要针对不同层级的管理人员进行维度等级划分，见表4-1。

表 4-1　　　　　　　　　　　　维 度 等 级 划 分

模块	等级划分	等 级 描 述
基础知识	理解	指对知识的一般认识，初步把握知识点的内涵、由来、意义和主要特征
	掌握	指对知识的较深入认识，把握知识点的内在逻辑联系，进行解释、推断、区分、扩展
	综合	指对知识的系统认识，能进行总结、综合、推广，能在新的情境中使用知识解决复杂问题，针对不同情境建立知识之间的合理联系
基础技能	了解	对学习材料有一定的认识和记忆，包括具体概念、作用、意义等的认知和学习，其所要求的心理过程主要是记忆，这是最低水平的认知学习结果
	运用	充分掌握知识和技能的前提下，根据所面对的事物和对象加以利用
	迁移	在已经具有的知识经验和认知结构、已获得的动作技能、习得的态度等基础上进行的学习，使得原有的知识结构对新的学习产生影响

四、形成基础知识、基础技能模块能力库

将基础知识和基础技能所包含的能力要素设计成"能力库"的形式，能力库涵盖所有专业管理类和决策管理类模型所需的基础知识和基础技能。

结合电网企业的实际，电网企业的管理分类还增加了管理提升知识、管理提升技能这两个维度，主要包括政治理论知识、政治分析等内容，提升管理人员的政治素养、增加前沿性的知识技能储备。

综上所述，对基础知识、基础技能各能力要素的具体内容进行补充和划分，从而形成基础知识、基础技能能力库，见表4-2。

表 4 - 2　　基础知识、基础技能能力库（示例）

模块	维度	要素	基础知识			基础技能			参考资料（教材类）
			Ⅰ级（理解）	Ⅱ级（掌握）	Ⅲ级（综合）	Ⅰ级（了解）	Ⅱ级（运用）	Ⅲ级（迁移）	
基础知识、基础技能	综合管理	战略管理	战略管理概述：(1)战略管理的性质和价值。(2)战略管理过程	战略管理模型	电力企业的战略管理。电力企业的发展战略和文化的整合		战略环境分析。战略实施与控制	战略控制和持续改进。战略制定：(1)明确公司使命和社会责任。(2)长期目标和总体战略。(3)多元化企业的战略分析和选择	《清华MBA核心课程英文版教材：战略管理·概念与案例（第13版）》
		企业文化管理	企业文化的基本原理：(1)企业的生命属性。(2)企业文化现象。(3)企业文化管理。(4)企业文化理论	企业文化的基本体系：(1)企业价值观。(2)企业精神。(3)企业伦理道德。(4)企业形象	企业文化与企业文化建设、企业文化发展	企业文化的比较与借鉴：(1)外国企业文化。(2)中国企业文化。(3)综合比较与借鉴。(4)跨文化管理	企业文化实施	企业文化策划。企业文化的创新与发展：(1)企业文化发展的外部环境。(2)企业经营管理的变化趋势。(3)企业文化的创新与发展	《企业文化管理（第四版）》（21世纪高职高专规划教材·工商管理系列》，王成荣，中国人民大学出版社

五、岗位特征分析

根据专业管理与决策管理的工作性质的差异，初步判断基础知识和基础技能应该掌握的程度，如专业管理类，在综合管理维度，需要达到Ⅱ级，在运营管理维度，需要达到Ⅲ级，见表4－3；而决策管理类，在综合管理维度，需要达到Ⅲ级，在运营管理维度，需要达到Ⅱ级。

表4－3　　　　专业管理类基础知识、基础技能模块构建（示例）

模块	维度	要　素	基　础　知　识			基　础　技　能		
			Ⅰ级（理解）	Ⅱ级（掌握）	Ⅲ级（综合）	Ⅰ级（了解）	Ⅱ级（运用）	Ⅲ级（迁移）
基础知识、基础技能	综合管理	战略管理		√			√	
		企业文化管理		√			√	
		流程管理		√			√	
		制度管理	√				√	
	运营管理	计划管理			√			√
		安全生产管理			√			√
		物资管理			√			√
		质量管理			√			√
		……						

第三节　专业知识、专业技能模块构建

专业知识和专业技能是管理人员从事具体专业事项管理的专业基础。管理人员胜任力模型的专业知识、专业技能具有以下特征：

（1）是专业技术人员知识和技能的延伸与拓展。作为专业技术人员的直系经理和领导者，管理人员知识和技能的结构和内容都与专业技术人员并无本质的差异，但也并非完全一致，应该体现出一定的延伸与拓展。

（2）专业知识、专业技能模块要素设置不宜过细。由于管理人员一般都具备丰富的工作经验，并且在实际管理工作过程中较少涉及具体的业务操作，因此专业知识和专业技能模块能力要素不宜过细。

（3）决策管理类和专业管理类的专业知识和专业技能存在一定的差异。决策管理类的知识和技能综合性更强，涉及范围更广，往往横跨多个专业；而专业管理类的知识和技能则更加深入，专业性更强。

从管理人员专业知识和专业技能的特点出发，采用以下步骤构建专业知识和专业技能模块。

一、专业技术类模型整合

以电网企业专业技术人员培训规范为基础，提取其中的专业知识和专业技能部分，将同一序列的专业知识和专业技能整合，作为管理类专业知识和专业技能的基础。以规划计划类为例，其专业技能整合了规划专题与并网管理、环保管理、节能管理、线损管理等 10 个要素，见表 4-4。

表 4-4 专业技术类模型整合（示例）

模 块	要 素	评 价 内 容
专业技能	规划专题与并网管理	并网管理
		小型基建项目建设规划管理
		电网建设投资计划管理
		技改计划管理
		规划技术标准的编制
		农网规划及建设与改造工程项目计划管理
		系统运行计划管理
	环保管理	国家环境保护方针政策、法律法规制度管理
		电力基建项目环境评估管理
	节能管理	节能减排规划及年度工作计划
	线损管理	理论线损计算及线损分析
		降损措施管理
	新能源管理	风电等新能源接入系统规划协调
		各类新能源接入系统设计方案审查
	前期进度及投资项目储备库管理	电力基建项目前期管理
		前期费用、非生产性技改费用管理
		小型基建费用管理
		物资储备仓库建设项目管理
		项目前期招标管理
		科技示范工程前期管理

续表

模　块	要　素	评　价　内　容
专业技能	投资策略、计划与评价管理	电网投资年度计划管理
		局电网投资计划管理
	投资规划与专业规划	地区电网发展规划管理
		固定资产投资计划管理
	指标体系管理	指标体系变更与应用管理
		指标体系管理
	综合计划管理	综合计划的组织编制和下达
		综合计划的过程监督

二、专业类资料分析

根据员工的职业发展路径以及公司各职能部门岗位的分工，管理人员与专业技术人员在专业知识和专业技能的结构与内容上都存在一定的承接关系。因此，对专业技术人员的知识与技能进行分析，从而得出管理人员的专业知识与专业技能的结构。在此基础上，结合行业内优秀的教材和专著，对管理人员的专业知识与专业技能进行进一步的扩展与提升，见表 4-5。

表 4-5　　　　　　专业知识、专业技能扩展与提升（示例）

要素	知　识	技　能	参　考　书　籍
环保管理	电力与环境保护： （1）电力生产的环境影响。 （2）电力环境保护管理	智能电网建设。 电力可持续发展	《电力科普丛书光明之路绿意浓——电力与环保》，中国电机工程学会，中国电力出版社
节能管理	节能概述。 节能的基本概念。 节能原理。 节能潜力与节能途径	企业能源审计。 企业能源平衡。 节能监测	《节能管理基础》王贵生，邓寿禄，中国石化出版社有限公司
线损管理	交流电的基本知识。 线损的基本概念	线损理论计算。 无功电压的管理。 技术降落的措施	《线损管理手册》，赵全乐，中国电力出版社

要素	知识	技能	参考书籍
新能源管理	新能源和可再生资源及其发电的战略地位。 新能源和可再生资源及其发电的重大作用。 中国关于新能源和可再生能源及其发电的方针政策。 中国新能源和可再生资源及其发电的现状与展望	太阳能光伏发电系统操作使用与管理维护。 独立型风力发电系统管理维护。 小型水力发电系统建设。 混合型发电系统建设	《小型能源和可再生能源发电系统建设与管理》，王长贵，中国电力出版社

三、形成专业知识、专业技能库构建

根据对管理人员岗位说明书的分析，可以将工作职责具体划分为五类，即执行、组织、监督、计划和决策。其中，专业管理序列的职责主要在组织、监督两部分，决策管理序列的职责主要在计划、决策两部分。因此，对专业知识和专业技能的划分也可以划分为 3 个层次，见表 4-6。

表 4-6　　　　　　　　专业知识、专业技能库等级划分

模块	等级要求	等级描述
专业知识、专业技能	Ⅰ级	执行层面，执行某项业务所需要具备的知识和技能水平，这一层级的内容涉及具体的业务事项和业务操作，最为细致
	Ⅱ级	组织和监督层面，组织和监督某项业务所需要具备的知识和技能水平，这一层级的内容专业性最强，但并涉及具体的业务事项和业务操作
	Ⅲ级	计划和决策层面，计划和决策某项业务所需具备的知识和技能水平，这一层级的内容综合性最强，内容涉及面较广，但并不强调其专业性

对专业技术人员模型和专业类资料分析，形成了人力资源序列、财务会计序列、规划计划序列、基建工程序列、企管序列五类的专业知识和专业技能库，见表 4-7。

表 4-7　专业知识、专业技能库（示例）

要素	专业知识			专业技能		
	I级	II级	III级	I级	II级	III级
环保管理	变电一次设备知识	工程管理	电力与环境保护	环保风险管理。环保事件事故管理。环保统计分析、总结与评价。环保宣传与培训	环保规划及计划的编制与监督实施	智能电网建设。电力可持续发展
节能管理	电力营销基础。线损管理。需求侧管理	节能原理。节能潜力与节能途径	国家淘汰落后产能	节能统计分析、总结与评价。节能宣传与培训	节能规划及计划的编制与监督实施	企业能源审计。企业能量平衡
线损管理	线损管理基础。电力营销基础。电力调度管理知识。变电一次、二次设备知识。输电线路和设备知识。配电线路和设备知识			线损"四分"管理。线损小指标计算。线损理论计算。线损统计分析和考核	线损指标制定、下达和调整	技术降损措施
新能源管理	电网规划基础及应用	电力经济。电力营销基础	新能源和可再生能源及其发电的战略地位。新能源和可再生能源及其发电的重大作用。中国关于新能源和可再生能源的方针政策。中国新能源及资源及其发电的现状与展望	风电等新能源接入系统规划协调。各类新能源接入系统计方案审查	太阳能光伏发电系统操作使用与管理维护。独立型风力发电系统管理维护。小型水力发电系统建设。混合型发电系统建设	

四、专家法

请相应岗位的专家对专业知识、专业技能库的内容进行初步的判断，选择与他们的岗位职能（组织、监督、计划、决策等）联系紧密的知识和技能，组成对应岗位的胜任力模型中的专业知识、专业技能模块，见表4-8。

表4-8　　　　　胜任力模型专业知识、专业技能模块（专家法）

结构	模块	要素	评价内容	Ⅰ级（执行）	Ⅱ（组织、监督）	Ⅲ（计划、决策）
技能	专业技能	规划专题与并网管理	并网管理		√	
			小型基建项目建设规划管理	√		
			电网建设投资计划管理			√
			技改计划管理			√
			规划技术标准的编制	√		
			农网规划及建设与改造工程项目计划管理			√
			系统运行计划管理			√
		环保管理	国家环境保护方针政策、法律法规制度管理		√	
			电力基建项目环境评估管理			√
		节能管理	节能减排规划及年度工作计划管理			√
		线损管理	理论线损计算及线损分析	√		
			降损措施管理	√		
		……				

第四节　通用素质、鉴别素质潜能模块构建

潜能模块由通用素质潜能和鉴别素质潜能两部分组成，其中，通用素质潜能指管理类岗位通用的潜能，如影响力、组织协调能力等。鉴别素质潜能指区别于其他岗位特有的潜能，如服务意识、关注细节等。虽然通用素质潜能和鉴别素质潜能存在一定差异，但构建方法基本一致。

一、编制潜能词典

编制潜能词典是胜任力研究常用的方法之一。潜能词典是预先研究、提炼的潜能特征的归类集合。潜能词典是行为事件访谈的基础，因此词典的编制工作需要在访谈开展之前完成。潜能词典的来源主要包括两部分：一部分是借鉴已有的胜任力模型；另一部分是来源于公司的整体战略、文化等。结合这两方面的内容，确保词典的科学性和适用性。

1. 借鉴与积淀

结合电网企业已经形成的管理胜任力词典以及电力行业内部的经典胜任力词典以及以往项目经验，经过课题组的研究和讨论，从中提取与电网企业公司管理人员相关的素质，这些素质均为冰山下的潜能部分。

（1）收集公司已经成型的管理胜任力模型，从中提取潜能要素。比如在南方电网公司中，可以参考的资料包括《分省公司科长及专责岗位胜任能力模型及评价标准》《地市供电局局长岗位胜任素质模型》等。

（2）根据经典胜任力潜能词典、经典心理测验，结合企业实际，逐项分析提炼与行业相关的胜任力要素，具体参考资料包括麦克利兰胜任力词典、斯潘塞的胜任力词典、卡特尔 16 种人格因素测验等资料。

（3）结合以往项目经验，对提取得到的胜任力要素进行提炼和筛选。

2. 结合企业实际

（1）从公司战略提炼潜能要素。企业战略是企业以未来为基点，在分析外部环境和内部条件的现状及其变化趋势的基础上，为寻求和维持持久竞争优势而做出的有关全局的重大筹划和谋略。企业制定战略要思考的问题有：企业是什么（使命和愿景）、要做什么（方向）、做多大（目标）、何时做及如何去做（步骤和策略）。

从企业战略提炼胜任力特征，遵照的是从宏观到具体的思路。首先通过收集公司企业发展战略的书面资料，从中寻找并确认本企业发展战略的文字表述，确认企业发展战略的内涵。然后根据企业战略方向、战略目标，采用发散思维的方法，逐项穷尽确定企业发展战略和目标的各项内容对应的行为要求，见表 4 - 9。

表4-9 从公司战略提炼潜能要素（示例）

《南方电网公司中长期发展战略》内容	提炼能力素质
人才支持能力，通过人才工作创新，造就一支与公司发展相适应的人才队伍，培养人才、吸引人才、开发人才、用好天才，为支撑公司科学发展提供坚实的人才保证和智力支持	培养下属能力
能源高效利用能力，科学合理调配网内各类发电资源，实现经济、高效、节能、环保运行	资源整合能力
公共关系能力，与国家有关部委、五省区党委政府、国内外同行、媒体、学术界等社会各界建立良好的互动协作关系，提高公司社会影响力，营造良好的企业外部环境	关系建立与维护能力
……	……

（2）从企业文化提炼潜能要素。企业文化是企业在发展过程中逐步形成的，为全体员工所认同并遵守的，带有本组织特点的使命、愿景、宗旨、精神、价值观和经营理念，以及这些理念在生产经营实践、管理制度、员工行为方式与企业对外形象地体现的总和。例如：客户至上、以人文本、乐观进取、诚实守信、追求卓越等。

从企业文化开发胜任力遵照的是由抽象到具体的思路，体现的是理念与行为的一致性。首先通过收集有关本公司企业文化的书面资料，从中寻找并确认本企业文化的文字表述，确认企业文化的内涵。一般来说，企业文化的内容主要包括经营哲学、价值观念、企业精神、企业道德、团体意识、企业形象、企业制度等方面。然后分析企业文化的各项内容对应的行为要求。采用发散思维的方式，逐项穷尽每一项文化内容对应的行为要求，见表4-10。

表4-10 从企业文化提炼潜能要素（示例）

《南方电网公司企业文化战略》	提炼能力素质
在保障供电的前提下，充分挖潜增效，提高经济效益和股东回报，确保国有资产保值增值，为提升集团整体效益做出贡献	成本意识
在工作中努力融入并提升"万家灯火，南网情深"的企业品牌效应，提高企业美誉度	关系建立与维护能力
……	……

（3）从岗位要求提炼潜能要素。岗位说明书是对工作进行描述的书面文件，包括工作基本信息、岗位设置目的、工作协调关系、主要职责、工作环境等，以及任职资格要求（如教育水平、技术、专业、经验、知识培训等），因

此岗位说明书是从岗位要求提炼潜能要素的重要依据。

从岗位要求提炼管理者的胜任力遵照的是由外到内的思路，由岗位特征和职责范围确定胜任力特征。首先采用讨论法，将企业管理岗位的工作和职责范围分别列出；然后归纳作为下一步研究的依据，针对每一项工作，按照计划、执行、改进的工作流程，穷尽且无重复列举做好该项工作所需的胜任力；最后，将词义相近或意思重合的词条合并删除，见表4-11。

表4-11　　　　　　　　　　从岗位要求提炼潜能要素（示例）

岗位名称	岗 位 职 责	胜任力要素提取		
		要素一	要素二	要素三
地市供电局局长	贯彻落实相关政策、法律法规及上级管理制度、标准，贯彻执行南方电网公司、广东省电网公司方针、战略，组织开展本单位生产、经营工作	政策把握能力	领导能力	
	组织研究提出"三重一大"初步方案，实施相关决策事项	战略制定能力		
	组织拟订本单位年度安全生产目标任务、电网建设规划，并指导和监督实施，确保完成年度计划和目标	计划统筹能力		
	组织拟订本单位年度经营计划、综合计划、重大投融资计划和资产处置方案，并指导和监督实施，确保本单位资产保值增值	盈利能力	资产管理能力	
地市供电局党委书记	贯彻落实相关政策、法律法规及上级管理制度、标准，贯彻落实广东电网公司党组的决策部署，组织开展本单位党的建设工作	政策把握能力	领导能力	
	主持本单位党组（党委）全面工作，主持召开党组（党委）会议，组织做好涉及党组（党委）会议的"三重一大"决策，并检查落实执行情况	领导能力	决策能力	监控能力
	组织制定本单位党组织建设和企业文化建设等规划和工作计划，组织实施企业文化战略	计划统筹能力	品牌及文化影响能力	
	支持领导班子工作，组织动员本单位干部员工贯彻落实领导班子决策	执行力	指导推动能力	
	组织开展本单位党风廉政建设，加强教育、监督和管理	廉洁奉公	培养指导能力	监控能力
	完成领导交办的其他工作	执行力		

3. 完成潜能词典的编制

按照公司岗位胜任力模型及评价标准建设的要求，将前期研讨、分析过程获取的有效数据进行整合、汇总、筛选、合并，最终得出管理人员潜能词典。比如在南方电网公司，通过对各种有效数据的整合、汇总、筛选、合并，最终得出组织协调能力、创新能力、团队协作能力、指导推动能力等 58 个要素构成的管理人员潜能词典，见表 4-12。

表 4-12　　　　　　　　　潜 能 词 典 （示例）

编号	类别	维度	要素名称	相近要素归类	定　义	词典出处
1	通用	能力	组织协调能力	组织协调	指在组织落实各项工作时，能够根据组织目标的要求，从宏观角度对各种资源进行评估、调动与配置，协调各方面关系，提高资源利用的有效性，规避可预测的问题，并调动内部积极性，以达到工作布置合理有序、组织内外沟通协调、上传下达通畅有效等目的	分省公司科长及专责岗位胜任能力模型及评价标准、地市供电局局长岗位胜任素质模型
2	通用	能力	创新能力	学习能力、开拓创新能力、创新性、发展支持能力、技术支撑能力、开拓创新	指能够根据工作的实际需要和情况进行不局限于已有模式的突破，使工作的完成更加有成效性；善于接受新事物，顺应组织的发展要求，为组织引入更多的资源和活力	分省公司科长及专责岗位胜任能力模型及评价标准、项目产业化团队素质模型报告、南方电网胜任力模型
3	通用	能力	团队协作能力	团队建设能力、团队合作能力、抓班子带队伍	指能够在团队中互帮互助，发挥团队精神使团队发挥最大工作效率，主动地在部门中形成团队统一精神，凝聚一致的力量、确立统一的目标，营造和谐、融洽的团队氛围，打造高效团结、互补协调、目标一致、相互配合的工作小组	分省公司科长及专责岗位胜任能力模型及评价标准、项目产业化团队素质模型报告、南方电网胜任力模型
4	通用	能力	指导推动能力		指能够借助组织资源，阐明工作意图，梳理工作路径，完善工作界面，通过协调和引导等方式推进相关部门或实施人员的工作，以便其所做的工作任务顺利进行下去	分省公司科长及专责岗位胜任能力模型及评价标准
……	……	……	……	……	……	……

二、行为事件访谈

行为事件访谈法是一种开放式的行为回顾式探索技术，是揭示胜任特征的主要工具。这是一种结合 John C. Flanagan 的关键事例法与主题统觉测验的访谈方式，主要的过程是请受访者回忆过去半年（或一年）在工作上最具有成就感（或挫折感）的关键事例。

1. 访谈实施

协商沟通取得被访者名单，征得被访者同意后获取被访者基本背景资料之后，访谈员与被访谈者之间进行开放式的面谈，采用 STAR 方法对被访者的经历进行行为回顾，访谈对象用自己的话详尽地描述其成功或具有挑战性的工作经历，以及是如何做的、感想如何等。行为事件访谈用以发现什么样的能力素质使优秀员工走向成功。

STAR 方法主要有以下四个问题：

（1）S（situation）。"那是一个怎么样的情境？什么样的因素导致这样的情境？在这个情境中有谁参与？"

（2）T（Task）。"您面临的主要任务是什么？为了达到什么样的目标？"

（3）A（Action）。"在那样的情境下，您当时心中的想法、感觉和想要采取的行为是什么？"在此，要特别了解被访谈人对于情境的认知和事例的关注点。如，被访谈人如何看待其他的人（例如，肯定或是否定）或情境（例如，问题分析与解决的思考）？被访谈人的感受是什么（例如，害怕、信心、兴奋）？被访谈人内心想要做的什么？什么想法激励他们（例如，想把事情做得更好，让老板印象深刻）？

（4）R（result）。"最后的结果是什么？过程中又发生了什么？"

2. 结果分析

将访谈记录稿转化为逐字稿后，对照潜能词典编码，对访谈的结果进行分析，从各种不同情境下被访者相对稳定的行为模式中推断其潜能特征。同时，也可以直接询问被访者本人，对从事工作所需胜任能力的理解结果中获取潜能信息。

参考初步形成的潜能词典，对行为事件访谈资料进行编码、分析和统计，得到各岗位的核心胜任力指标，并提取得出潜能指标的关键行为。提炼潜能时考虑被访谈样本中相同潜能出现的频率，频率高，说明这项潜能是这个岗位所需要的；频率低，也不能说明这项潜能是这个岗位不需要的，应结合具体情况决定，如"逻辑思维能力"是职能类岗位应该具备的潜能，即使出现的频率不高，也应作为该岗位的潜能。

通过行为事件访谈法，基于潜能词典提出的胜任力分类及相关定义，提炼行为事件访谈中所体现的胜任力；在潜能词典之外，对在访谈或调查中新出现的、企业个性化的素质进行分析、提炼；根据访谈中谈及的具体事例，进一步检验潜能词典中定义不准确或模糊之处，作出相应修正。同时提取潜能指标的关键行为特质，得出潜能指标可量化的行为特点，作为潜能指标的评价内容。

三、问卷调研

研究对象覆盖范围较大，行为事件访谈并不能覆盖所有的类别和专业时，可以结合问卷调研的形式构建剩余岗位的潜能模块。

根据潜能词典统计的胜任力素质，设计相应的潜能胜任力素质问卷，邀请相关岗位人员填写问卷，并根据问卷分析结果得出各专业鉴别类的潜能素质。

四、形成潜能能力要素库

不同管理层级所应掌握的潜能能力要素水平应具备差异，将潜能要素按照行为表现的由高到低划分为不同级别，共三个层级级别，形成潜能能力要素库，见表 4-13。

五、岗位分析法和专家法

以潜能能力要素库为基础，通过对各岗位相应资料的分析（以岗位说明书为主），提取各岗位职责所反映的潜能要素。通过频次统计，得出相应的潜能要素。比如通过对南方电网公司地市供电局岗位说明书说明要素的频次分析可以看到（表 4-14），决策管理岗位和专业管理类岗位频次较高的潜能要素大致相同，可以取合集，从而得到推动力、计划统筹能力、指导能力、培养能力等11 项能力作为通用潜能。

表 4 - 13　潜能能力要素库（示例）

模块	类别	维度	要素名称	定义	Ⅰ级	Ⅱ级	Ⅲ级
潜能	鉴别	能力	组织协调能力	指在组织落实各项工作时，能够根据组织目标的要求，从宏观角度对各种资源进行评估、调动与配置，协调各方面关系，提高资源利用的有效性、规避可预测的问题，并调动内部积极性，以达到工作布置合理有序、上传下达到组织内外沟通协调、组织内外沟通有效等目的	(1) 对组织内外各种关系有一定的调节能力。(2) 在处理组织内外关系中具备一定的处理技巧和经验	(1) 对组织内外各种关系有较好的调节能力。(2) 在处理过程中能够取得大多数人的赞同与支持	(1) 能够平衡组织内外部各种关系，确保组织既定目标各种关系的完成。(2) 能够将自己在协调内部关系过程中的技巧、经验与他人共享。(3) 能够通过协调组织内外部关系，发现组织内隐藏的问题或矛盾，并提出相应的解决问题或方法应对策略
			开拓创新能力	指能够根据工作的实际需要进行不局限于已有模式的突破，敢于创新和开拓，使工作成更加有成效性；善于接受发展的新要求，顺应组织的发展，为组织扩展更多的资源和活力	(1) 关注行业内外的新动态和新发展。(2) 客观分析自己的工作任务和环境，积极探索各种可能性、机会和可行性。(3) 在老办法失效时提出全新的想法和建议	(1) 对既有的做法、工作流程等提出新的观点、见解或改进建议。(2) 关注自身不断革新和发展，积极应对未来的挑战。(3) 关注行业内的创新活动，并探索对自己所在业务领域有用的信息。(4) 接受有建设性的批评意见，并做出正面的回应	(1) 营造创新氛围，对新观点、新方法的提出表示欢迎和赞同。(2) 营造理解和尊重个人与文化差异的工作环境，并依此促进企业整体的创新。(3) 发表观点并鼓励他人发表意见，在他人建议的基础上有所发展。(4) 对现有的、已经十分有效的方法进行进一步延伸
			沟通能力	指能够建立和维护沟通渠道，针对受众对象，采用适当方式表达个人意见；对于获取的信息，能够按照既定渠道和方式进行整理、反馈和回复	(1) 能够抓住谈话的中心议题。(2) 自己的观点表达较为简洁、清晰。(3) 沟通中能对他人保持应有的尊重。(4) 在沟通中，能够基本理解和使用相关的专业词汇	(1) 能够以开放、真诚的方式接收和传递信息。(2) 了解口头或书面的理由和事实过清楚的理由和事实表达主要观点。(3) 尊重他人的意见、观点，适时地给予反馈。(4) 在沟通中，能够理解、使用相关的专业词汇	(1) 与人沟通时的语言清晰、简洁、客观，切中要害。(2) 针对不同听众能采用不同的表达方式，以取得一致性结论。(3) 善于说服人、能有效化解矛盾和抱怨。(4) 能拓展并保持广泛的人际网络。(5) 熟练掌握专业词汇，能够阅读理解与掌握

表 4 - 14　　　　　　　　　潜能能力要素提取（示例）

地市供电局主任岗位 说明书要素提取	频　次	地市供电局主任岗位 说明书要素提取	频　次
推动力	99	计划统筹能力	19
计划统筹能力	70	推动力	19
指导能力	62	授权管理能力	17
培养能力	55	培养能力	12
执行力	37	指导能力	12
组织协调能力	34	成本意识	10
沟通能力	32	沟通能力	8
人本管理	29	组织协调能力	5
激励能力	27	决策能力	4
政策把握能力	20	全局观念	4
创新能力	20	廉洁正直	4

鉴别潜能的确定，需要具体到实际岗位，筛选掉通用素质潜能，剩下的就是该岗位的鉴别素质潜能，见表 4 - 15。

表 4 - 15　　　　　　　　鉴别素质潜能的确定（示例）

岗位名称	岗 位 职 责	潜能要素提取		
		要素一	要素二	要素三
地市供电局总工程师	主持局生产技术管理工作，技术协调工作以及指导技术标准使用；组织局技术管理制度、技术标准制订以及修订工作	指导能力	推动力	组织协调能力
	组织编制局技术发展中、长期规划和年度技术工作计划，组织技术管理的改革和科研、技术攻关等	计划统筹能力	开拓能力	
	实施对外技术的归口管理，审查局对外的技术公文、要件	资源整合能力		
	根据上级下达的安全技术措施计划、反事故技术措施计划和大修、技改项目，参与制订局安全生产计划、实施方案，参与分析各类事故发生的原因，并从中汲取经验教训，提高安全管理水平	计划统筹能力		

续表

岗位名称	岗 位 职 责	潜能要素提取		
		要素一	要素二	要素三
地市供电局总工程师	组织开展设备运行分析,对设备运行状况存在的问题,有针对性地制定防止事故措施,保证电网和设备的安全运行	安全意识	风险控制能力	责任心
	主持局技术资料、档案管理工作,提高管理水平	授权管理能力		
	主持局科研项目立项、报批、实施工作以及新技术推广应用计划	计划统筹能力	前瞻性	
	组织对员工进行技术业务培训管理,提高员工的技术、业务水平	培养能力		
	完成领导交办的其他工作	执行力		

为了提高模型与岗位的匹配度,需要邀请相应岗位的专家对初步形成的潜能模块的内容进行两方面的判断:一是潜能要素是否属于通用素质潜能以及鉴别素质潜能是否恰当,如果有需要可以从潜能能力要素库中进行增补;二是根据潜能能力要素库中的等级描述,判断本岗位需要达到的潜能等级要求,见表4-16。

表 4-16 　　　　　　　　　鉴别潜能的筛选与等级（示例）

模块	维 度	要 素	是否保留	Ⅰ级	Ⅱ级	Ⅲ级
潜能	通用素质	指导能力	是		√	
		沟通能力	是			√
		激励能力	否			
		人本管理	否			
		战略导向	是			√
	鉴别素质	任务导向	是		√	
		关注细节	否			
		流程导向	否			
		……				

第五节　管理胜任力模型确立

一、管理胜任力模型

三类能力库完成之后,邀请各个岗位的专家(每个岗位至少三名专家,专家在岗时间五年以上),根据其所在岗位的工作性质,判断各能力要素是否适用于本岗位，以及本岗位该能力要素需要达到的程度，如专业管理类岗位，综合管理维度需要达到Ⅱ级，运营管理维度需要达到Ⅲ级；而决策管理类岗位，综合管理维度需要达到Ⅲ级，运营管理维度需要达到Ⅱ级，见表4-17。

表 4-17　　　　　　专业管理类基础知识、基础技能模块（示例）

模块	维度	要素	基础知识			基础技能		
			Ⅰ级（理解）	Ⅱ级（掌握）	Ⅲ级（综合）	Ⅰ级（了解）	Ⅱ级（运用）	Ⅲ级（迁移）
基础知识、基础技能	综合管理	战略管理		√			√	
		企业文化管理		√			√	
		流程管理		√			√	
		制度管理		√			√	
	运营管理	计划管理			√			√
		安全生产管理			√			√
		物资管理			√			√
		质量管理			√			√
		……						

根据专家判断的结果，对能力要素进行优化组合，形成各个岗位的管理人员岗位胜任力模型，节选部分内容见表4-18。

表 4-18　　　　　　　　规划计划类胜任力模型（示例）

结构	模块	要素代码	要素名称	等级要求
知识	基础知识		战略管理知识	★★
			企业文化管理知识	★★
			……	★★
	专业知识		环保管理知识	★★
			节能管理知识	★★
			……	★★
潜能	通用素质		组织协调能力	★★
			沟通能力	★★
			……	★★
	鉴别素质		影响力	★★★
			决策能力	★★★
			……	★★★

二、管理胜任力模型示例

管理胜任力模型建立完成之后，形成结构、模块、要素代码、要素名称、等级要求五大模块的胜任能力模型。表4-19为电网企业规划计划类胜任能力模型节选。

表 4-19　　　　　　电网企业公司规划计划类胜任能力模型（节选）

结构	模块	要素代码	要素名称	等级要求
知识	基础知识		战略管理知识	★★
			企业文化管理知识	★★
			流程管理知识	★★
			质量管理知识	★★
			成本管理知识	★★
			制度管理知识	★★
			计划管理知识	★★★
			安全生产管理知识	★★★
			物资管理知识	★★★
			电力营销管理知识	★★★
			财务管理知识	★★★
			人力资源管理知识	★★★
			政治理论知识	★★
			管理心理学知识	★★
			管理经济学知识	★★
	专业知识		环保管理知识	★★
			节能管理知识	★★
			线损管理知识	★★
			新能源管理知识	★★
			投资规划知识	★★
			投资决策知识	★★
			项目前期知识	★★
			指标体系及统计管理知识	★★
潜能	通用素质		组织协调能力	★★
			沟通能力	★★
			推动力	★★
			指导能力	★★
			培养能力	★★
			激励能力	★★
			应变能力	★★
			关系建立与维护能力	★★
			授权管理能力	★★
			政策把握能力	★★
			资源整合能力	★★
			计划统筹能力	★★
	鉴别素质		影响力	★★★
			决策能力	★★★
			前瞻性	★★★
			政治敏锐性	★★★
			市场与客户导向	★★★

表 4-20 为电网企业公司规划计划类专业知识及专业技能库节选。

表 4-20 电网企业公司规划计划类专业知识及专业技能库（节选）

模块	维度	要素	知识			技能			参考书籍（书籍）
			I级（执行）	II级（组织、监督）	III级（计划、决策）	I级（执行）	II级（组织、监督）	III级（计划、决策）	
专业知识、专业技能	节能环保管理	环保管理	(1) 电力生产的环境影响。 (2) 电力环保护管理。 (3) 环境保护的国家政策法规及公司制度标准	(1) 新能源发电与环保护。 (2) 输变电工程与环境保护	(1) 国家环保行业产业规划。 (2) 环境保护管理体系	(1) 环保风险管理。 (2) 环保事件事故管理。 (3) 环保统计分析、总结与评价。 (4) 环保宣传与培训	环保规划及计划的编制与监督实施	电力可持续发展规划	(1)《电力行业节能减排标准条文选编》，中国电力企业联合会环保资源节约部，中国电力出版社。 (2)《电力与环保》，张安华，中国发展出版社。
		节能管理	(1) 需求侧管理。 (2) 电能替代技术。 (3) 能源及节能管理基础。 (4) 节能减排的国家政策法规及公司制度标准。 (5) 节能新技术、新设备、新工艺	节能管理与新机制	电能替代服务体系与商业模式	(1) 节能效益的分析与评价。 (2) 节能宣传与培训	(1) 节能规划及计划的编制及实施。 (2) 节能监督。 (3) 企业能源审计	节能服务体系建设规划	(1)《电能替代技术发展及应用：国网天津市电力公司，国电电力有限公司服务发展之路》，中国电力出版社。 (2)《能效管理与节能营销》，国家电网公司营销部，中国电力出版社。

续表

模块	维度	要素	知　识			技　能			参考书籍（书籍）
			I级（执行）	II级（组织、监督）	III级（计划、决策）	I级（执行）	II级（组织、监督）	III级（计划、决策）	
专业知识、专业技能	节能环保管理	线损管理	（1）线损管理基础。（2）线损管理技术体系	（1）线损管理的组织结构。（2）线损管理保证体系	线损管理模式	（1）线损"四分"管理。（2）线损计算和分析。（3）技术降损措施	线损指标管理	线损管理体系建设规划	《县供电企业线损规范管理辅导》、刘福义、中国电力出版社
		新能源管理	（1）新能源技术基础。（2）关于新能源的国家政策法规及公司制度标准	新能源发电并网运行管理	（1）新能源产业发展趋势及发展规划。（2）国外促进新能源发展的政策措施	新电源接入系统设计方案审查	新能源接入系统规划协调	新能源发展策略规划	《新能源概论》、王革华、艾德生、化学工业出版社
	投资规划	投资规划	（1）电网规划基础及应用。（2）电力负荷管理系统应用。（3）配电网运行管理技术。（4）电力负荷预测。（5）电力计划发展的国家政策法规及公司制度标准	（1）电力系统经济学。（2）电网经济运行及评价	电力工业的市场化改革	（1）规划专题库管理。（2）规划专题年度计划管理。（3）并网管理。（4）前期项目储备管理	投资规划评价	电网总体规划	（1）《电网规划基础及应用》、金义雄、王承民、中国电力出版社。（2）《中国南方电网有限责任公司新建电厂并网管理办法》

第五章 管理胜任力模型的修订完善与宣导

任何研究模型的完成，都离不开最后的修订完善与宣导。对初始模型的修订完善能够让模型更加成熟，避免在实际应用中出现问题。在这一阶段主要通过专家小组评价法和数据分析法对模型的表面效度和预测效度进行检验完善。而在模型的宣导阶段，主要分为寻找关键人—明确宣导的内容—选择宣导形式—制定宣导计划四个步骤。

第一节 模型的修订完善

初建的胜任力模型只是一个雏形，离最后能够使用的胜任力模型还有较大距离，需要对模型进行修订和完善。这一阶段仍然离不开数据，需要收集和分析数据。但数据收集的针对性更强，即基于已经构建好的模型。对模型进行修订和完善包括对模型进行检验并修订模型，以及对模型进行验证并完善模型。

在获得胜任力过渡模型后，需要对此进行检验。这主要是因为过渡模型是模型的构建者对访谈记录和问卷调研结果进行提炼和转化所得出的，在这一过程中，可能会出现由于模型构建者理解的偏差导致构建的模型与现实存在不符的地方，对模型进行检验就是为了纠正这种偏差。此外，检验也能使相关的胜任力素质都尽可能地被包括进来，起到查缺补漏的作用。

一、模型检验的内容

在检验胜任力模型时，首先要明确需要检验的内容。由于以应用为导向的胜任力模型的最终目的是使用该模型，因此，该模型需要具备表面效度和预测效度，这也是需要检验的内容。

表面效度要求胜任力模型所描述的素质和能力对于从事该项工作的人

来说是有意义的。因此，胜任力模型是与工作相关的、与工作环境相符的、能够被人们理解的。胜任力模型需要与工作相关是因为胜任力模型为从事该项工作的员工提供了绩优的行为标准，如果与该项工作无关，那么就会将员工引到其他方向，影响胜任力模型的使用效果。与工作环境相符的胜任力模型是要求模型在现有的工作环境当中是切实可行的，否则就可能出现构建的模型是空中楼阁的问题，无法落地实施。胜任模型对于企业员工来说应当是便于理解的，由于许多员工并不具备心理学和人力资源管理方面的知识，所以模型中不要使用不易于理解的学术术语，胜任力模型使用的词汇和语言最好具有企业特色和工作特征，让员工一看就能明白，让员工更为认同模型。

预测效度是指胜任力模型是能够预测绩效的，因此胜任力模型描述的能力必须是从事该项工作的优秀员工所展现出来的。

保证这两项效度可以使胜任力模型更有说服力，对于赢得管理者和模型使用的目标人群的支持是很关键的。因此，检验模型与开发模型具有同等的重要性，不能省略或者草率进行。

二、检验模型的方法

模型建立起来后，可以采用专家小组评价法和专家问卷两种方法来收集信息，从而判断胜任力模型中所体现的能力和素质能否有效地反映在该职位上获得成功所必需的知识、技能和潜能特点。专家可以是相关对象的直接主管，可以是该项工作的优秀员工，可以是懂行的外部专家，可以是十分了解该项工作的人力资源管理人员，还可以是企业的高层管理者。

1. 专家小组评价法

专家小组评价法是组织各岗位的专家，对管理胜任力模型进行集中的一种评价方法。由于知识技能的评价标准与岗位的核心业务关联较为密切，因此选取专家时，需要专家具备一定的工作年限，且对该岗位具备一定的熟悉程度。在对岗位胜任评价标准进行评价时，主要从以下方面进行：

（1）本岗位最关键的工作是否被这些评价要素所覆盖？

（2）对评价要素所要求的能力掌握较高的员工，该方面工作的成果质量、工作效率是否比较出色？所取得的绩效是否比较优秀？

（3）评价内容是否与岗位的实际工作业务或公司的相关规定相符？

专家小组评价法实施流程如下：

（1）专家选取。专家的选取直接关系到验证的结果，因此需要综合履历、绩效以及内部推荐等多方面因素综合选取。一般需要选择在该岗位工作三年以上，并且绩效优秀的员工作为该岗位的专家。同时，为了避免单个专家的主观性较强，每个管理岗位至少需要选取三名以上的专家。

（2）集中评价。组织专家集中对岗位胜任能力评价标准进行审核评价，在评价开始前，需要跟专家统一共识，明确评价的要点、标准等。如果对评价标准存在异议，则需要统一提交修改建议，修改建议的提交格式见表5-1。

表5-1　　　　　　　　管理胜任力模型修改建议表（示例）

岗位名称					
审核人		姓名		单位	
		职称		职务	
审核人		姓名		单位	
		职称		职务	
		职称		职务	
	请根据本班组各岗位职责要求，对岗位胜任能力模型及评价标准的内容范围、专业术语等提出修订意见和建议。				
	审核意见（如无审核修订则直接勾选"无修订"；否则，勾选"有修订"，并根据以下表格具体填写，并说明有关具体问题和相对应的审核修改内容，以及来源或依据。）			（　　　）无修订（　　　）有修订	
	（一）针对岗位胜任能力模型的具体问题及修改内容				
文件名		行列数	存在问题	修改建议	来源或依据

续表

文件名	(二) 针对岗位胜任能力评价标准的具体问题及修改内容			
	行列数	存在问题	修改建议	来源或依据

（3）模型修订。经过专家评价之后，如果存在修改建议，则需要组织该岗位的专家对修改建议进行审核和确认，最终完成胜任力模型的修订。

2. 数据分析法

岗位胜任能力的一个重要特质就是能够区分绩效优秀和绩效一般的员工之间的差距。因此在对模型进行验证时，可以从绩效的角度出发。数据分析法的一般思路就是选取一批员工，邀请这批员工的直系领导给员工在各项评价要素上打分，然后比较评价要素的得分与员工的实际绩效之间的数量关系。如果评价要素的得分与绩效的得分变化一致，那么说明评价标准的效度较高；如果变化不一致，那么评价标准的效度就有待提升。

数据分析法的实施流程如下：

（1）样本选取。选取各个岗位的员工，每个岗位不少于 5 人，同时，这些被选取的员工的绩效需要存在一定的差异，即需要选取一部分绩效优秀的员工，一部分绩效一般的员工。

（2）确定绩效标准。绩效是衡量胜任能力的最重要的依据，它提供了检验胜任能力的标准。绩效的等级划分可以依据公司的实际考核分级情况，也可以根据情况进行重新划分。

（3）胜任能力打分。设计胜任能力打分表，见表 5 - 2，由直系领导为员工的各项能力打分，分值等级可以与业绩划分相类似。

表 5 - 2　　　　　　　　　胜任能力打分表（示例）

被评价人员	生产类胜任能力模型				绩效
	政策把握能力	……	专业基础知识	……	
员工 1					
员工 2					
……					

（4）结果分析。将岗位胜任能力打分的成绩与绩效成绩进行简单地描述性分析和相关性分析，可以观察两者之间的变化趋势，从而验证岗位胜任能力评价标准的有效性，即绩效优秀和绩效一般的员工在这些能力上的表现是否存在差异。

第二节　胜任力模型的宣导

在胜任力模型完成后，需要考虑模型的应用问题。尽管认为模型已经能够解决企业的问题，满足企业的需求，但是，模型的应用能否成功还需要依靠使用者的认可和支持。为了获取认可和支持，在模型应用前还需进行一些宣导，以便为模型的应用铺垫道路。胜任力模型最后的应用需要人力资源部以外的其他部门的支持，但是，不是所有人都具备胜任力模型的相关知识，也不是所有人都了解胜任力模型的价值。因此，模型宣导中应对胜任力模型进行全面介绍，加强使用者对胜任力模型的理解，增加对模型的接受程度，从而确保模型的有效应用。

一、寻找关键人

在胜任力模型的项目中，有一些人会对项目的结果产生重要的影响，需要识别出这些关键人物，预测他们的态度，并制定相应的应对措施。这些关键人一方面是那些能够影响项目决策的人，他们的态度对项目的重要性不言而喻；另一方面，关键人还包括那些受项目影响的人，这些人的作用容易被忽视，但是，在实际中，他们的作用不可小视。

在寻找到关键人后，需要对他们的态度和行为进行预测。预测时可以站在对方的角度思考两个问题："胜任力模型应用对企业或者部门有什么影响？""胜任力模型对个人有什么影响？"以关键人认为胜任力模型很大程度上会影响他们的行为为前提假设，可以将关键人分为三类：第一类是支持者，这一类关键人对胜任力模型是非常认可并愿意使用的，不仅如此，他们还会使用自身的影响力去获得更多的支持；第二类是反对者，这一类关键人对胜任力模型不认可，表现为行为上不支持胜任力模型项目，比如在前期模型的构建中，找出各种理由推脱，不愿意参与模型构建的讨论，明确表现反对态度的关键人并不是最麻烦的，"明支持、暗反对"的关键人有时会对项目产生破坏性的作用，他们在胜任力模型的应用阶段，采取手段阻挠模型的应用，如果没有及时采取应对措施，很可能会影响项目的实施效果；第三类是中立者，这一类关键人不会阻挠项目进程，但也不会给予项目有力的支持。

对关键人进行分类不是最终目的，还要寻找中立者和反对者不支持项目的原因，将尽可能多的将中立者发展成为支持者，将反对者的数量尽可能降到最低。根据项目经验，有三种反对的原因是比较常见的：一种是对胜任力模型的价值持怀疑态度；一种是担心改变自己的行为；还有一种是担心胜任力模型会增加自己的工作负担。其实，这三类问题的产生归根结底是与对胜任力模型的理解不够全面、不够深入，因此模型宣导是非常有必要的。

二、明确宣导内容

具体的宣导内容应当依据企业的现实情况和模型的应用现状，但是，以下三个问题是模型宣导中必须回答的：

第一，为什么要构建胜任力模型？（这个问题是为了明确胜任力模型的价值）

第二，怎样构建胜任力模型？（这个问题是为了表明胜任力模型的科学有效）

第三，胜任力模型怎么应用？（这个问题是为了说明胜任力模型的价值是如何实现的）

上述三个问题，即是构建胜任力模型之初考虑的问题。经过模型的构建过程，对胜任力模型的理解也不断加深，甚至出现了一些新的价值点，这都更利于宣导工作的开展。

三、选择宣导形式

通常采用的宣导形式如下：

（1）会议。会议一般需要企业的高层领导出席，向与会者释放出"领导重视和支持"的信号。但是，会议一般只能起到引起各方重视的作用，难以对胜任力模型进行深入的讲解。

（2）培训。培训不仅可以对胜任力模型进行全面介绍，还可以在培训师与学员的互动中，发现一些潜在问题，从而及时化解问题。

（3）文件。在撰写模型终稿时已经形成了大量的书面材料，如胜任力模型评价管理办法、胜任力模型实施应用手册、岗位胜任力测评工具等。但是，这些书面材料往往是一些技术材料，不便于阅读，并且有些内容需要保密，在宣导时应对其中的内容进行修改，制定出适于宣导用的文件。由于技术性的资料学术性较强，阅读起来较为枯燥，也不容易被理解，可以制作一些案例集，将胜任力模型的标准以案例和故事的形式表现出来。

四、制定宣导计划

胜任力模型的宣导工作是应用的关键性铺垫，要在这一阶段发现可能阻碍模型应用的问题，并尽可能将这些问题消除在萌芽阶段。一个详细有效的宣导行动计划是必不可少的，这个计划可以包括以下内容：

（1）关键人。关键人是谁？他们可能的态度是什么？持反对态度的关键人的反对原因是什么？有什么办法可以解决？持中立态度的关键人不能够支持项目的原因是什么？有什么办法可以让他们转变为支持态度？持支持态度的关键人可以为这个项目的推进提供哪些帮助？

（2）宣导的内容。宣导的内容有哪些？

（3）宣导的形式。宣导形式有哪些？特点是什么？根据企业的特点能够选择的宣导形式有哪些？不同的宣导方式间如何结合？宣导过程中会有哪些困难？如果攻破？

另外，宣导的过程中难免会出现各种疑问，甚至是质疑，因此，还要提前对人们可能会提出的问题进行预测，并制定相应的应答方案。

第六章　管理胜任力模型的应用

构建电网企业管理胜任力模型的目标是以应用为导向，因此其落脚点在管理胜任力模型的应用上。本章首先对管理胜任力模型的应用价值和应用范围进行概括，其次从支撑试题库建设、人才培训发展两个部分进行研究，最后对管理胜任力模型在人力资源管理中的其他应用进行简要的分析。

第一节　模型的应用价值和应用范围

一、管理胜任力模型的应用价值

既然构建的管理胜任力模型要注重其实用性，就需要了解管理胜任力模型的应用价值和应用范围，即胜任力模型可以怎么用？

管理胜任力模型的应用价值主要包括以下四个方面。

1. 帮助企业实现企业战略的落地

企业战略是指企业根据环境的变化，整合自身资源，选择合适的经营领域和产品，形成自身的核心竞争力，帮助企业在竞争中脱颖而出。企业战略制定好后，需要落实为行动才能切实发挥作用。管理胜任力模型采用行为的方式描述绩优员工所需具备的关键能力。在构建模型时，可以将企业的战略通过演绎法融入到模型当中，将企业的战略落实到具体的行为中，防止企业的战略沦为"空中楼阁"。

2. 帮助企业建立统一的人才标准

人才是推动企业发展的原动力之一，因此，选好和用好人才就显得特别关键。选好和用好人才的前提是确定好人才的标准。企业的管理者在评价一个员工时，有时会出现这样的场景：管理者评价某个员工"表现挺好"，但是却无法说出"哪里表现得挺好"；或者一个管理者认为某个员工"表现挺好"，另一个管理者则认为该员工"表现平平"。这些场景的出现往往是因为企业没有建立起统一的人才标准，没有同样的"尺度"，自然无法进行有效的测量和评价。管理胜任力模型实际上是通过行为化的方式描述了胜任岗位的榜样，通过可以观察的行为为企业评价人才提供统一的标尺。

3. 指出员工职业发展方向

管理胜任力模型是通过系统的工作分析形成的。它的建立以满足公司战略对胜任能力要求为出发点，根据一体化岗位说明书，将管理胜任能力模型中的关键能力要求进行内容细化和等级量化，建立与管理胜任能力模型相对应的各类人员胜任能力评价标准。因此，管理胜任力模型对员工提升自身知识和能力水平提供了依据，提升了员工的职业素质，指明了员工职业发展的方向。

4. 通过应用管理胜任力模型全面提升人力资源管理水平

管理胜任力模型的本身只是提供了一种标准，但是将其应用于人力资源管理的过程中，其价值就不单单是一个标准，在应用的过程中会产生大量的附加价值，从而全面提升人力资源管理的水平。比如，将管理胜任力模型用于员工的培训当中。管理胜任力模型告诉企业具有什么样能力的员工才是高绩效的，从而企业在培训中可以做到有的放矢，就这些关键能力进行培训，可以节约培训成本，提高培训效率，为企业培养更多的绩优员工，提升企业的总体绩效水平。

二、管理胜任力模型的应用范围

管理胜任力模型的应用范围较广，可以贯穿于人力资源系统的各环节中，见表 6-1。通过确定有效地完成工作所需的胜任能力，组织可以把员工招聘、培训与发展、绩效评估以及后备干部培养的重点集中在与组织目标和高绩效最为相关的行为和能力的提升上，从而大大提升人力资源管理的效率。

表 6-1   管理胜任力模型在人力资源管理各环节中的应用

人力资源管理环节	管理胜任力模型在相应环节中的应用说明
招聘选拔	(1) 从管理胜任力模型中演绎出选拔指标，为人员选聘提供易观测的行为标准，提高招聘的科学性。 (2) 围绕管理胜任力指标设计面试与其他选聘方法的题目，使选聘过程重点突出，提高选聘效率

人力资源管理环节	管理胜任力模型在相应环节中的应用说明
培训与发展	（1）组织培训。通过对比培训对象已有的能力水平与其承担或即将承担的岗位所需的能力水平之间的差异，有针对性地开发培训课程，使培训重点能集中在培训对象最需要的、对效率影响最大的技能、知识等方面，提高培训的针对性，提升培训工作效率。 （2）个人自我提升与职业生涯规划。管理胜任力模型是员工自我提升的目标，通过与管理胜任力模型中各行为指标要求的对比，员工可以清晰地判断自身的能力发展规划与现任职位或希望达到的职位能力要求之间的差异，从而确定自我学习的方法，并根据自己和组织需要的匹配程度，明确自身优势与发展需求，合理设计自己在组织中的发展通路
绩效评估	管理胜任力模型提供统一的行为标准，让评估者与被评估者都清晰而一致地认识到标准与绩效的关系，将评估内容集中到与工作绩效真正相关的要素上
晋升	（1）明确某个职位或角色需要的技能、知识与个性特质，使后备干部的选择与培养更具目的性。 （2）为评估候选人是否已经具备继任能力提供了客观的评价标准，根据目标职位的管理胜任力模型对候选人的相关能力指标进行考察与测评，能更好地保证后备干部选拔中的科学性与公正性

第二节　支撑试题库建设

管理胜任能力评价试题库是电网开展管理胜任能力评价的基础和工具，对于考生，评价试题库是自我学习和提高的参考资料；对于评价师，评价试题库是工具，可以方便地在试题库抽题和组卷，组织开展胜任能力评价工作。

管理胜任力模型是试题库建设的基石，是题库建设的前提和保障。试题库的建设采用通用的建设流程和方法，评价试题库主要包括三大模块：知识维度试题库、技能维度试题库和潜能维度试题库。试题库建设遵循"针对每一条评价标准的知识点进行试题开发编制"，因此，试题库与评价标准匹配程度较高。题库的结构比较合理，不同的模块采用不同的题型，如：知识维度主要采用选择题、判断题、简答题等笔试型题目；技能维度主要采用实操和技术问答等操作类题目；潜能维度主要采用360度测评等评估类题目。

一、题库建设原则

评价试题库建设需遵循以下原则：

（1）规范性。试题库建设应采用统一格式规划进行建设，为试题库的信息化奠定基础。

（2）针对性。试题的编制应以岗位为基础，体现具体的工作内容，不能出现不符合岗位要求的试题。

（3）全面性。评价试题库以评价标准为依据，覆盖评价标准的全部评价内容，并且对应题量需符合公司的规定要求。

（4）实用性。评价试题能够反映被测评人员的评价能力，并且便于操作。

二、题库建设思路

以岗位评价标准为依据，建立评价标准与试题库的对应关系。即以评价标准的评价内容作为评价试题库的编制指导，如图 6 - 1 所示。

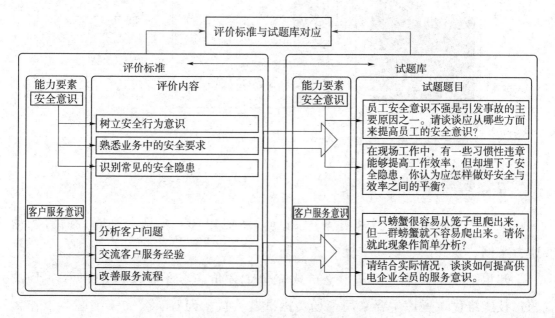

图 6 - 1　试题库建设思路样例

三、题库内容来源

题库内容主要来自于管理人员平时的实际内容，可以是管理人员的岗位职责说明书、作业指导书、作业表单、工作规范规程、职业技能鉴定题库、相关专业书籍等。在选取题库内容时，要尽量保证题库内容与工作内容一致，避免出现评价内容与实际工作不相符的情况出现。

四、题库分类

按照"分人员类别、分岗位等级、分维度"原则，实现一体化、规范化，如图 6-2 所示。按照不同人员类别（岗位）分类，包括技能岗位试题库、专业技术岗位试题库、管理岗位试题库。按照不同维度分类，包括知识维度试题库、技能维度试题库、潜能维度试题库。

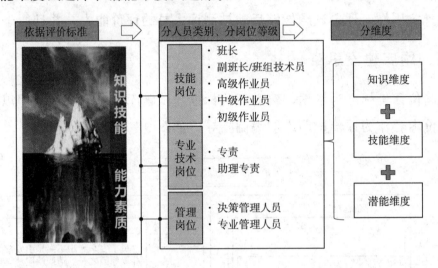

图 6-2　题库类型

五、题库题型

试题库应该包括题目和答案两部分，涵盖单选、多选、判断、简答、论述、案例、识绘图、现场实操等各类题型。

知识维度试题库主要采用笔试题，每个评价内容不少于 5 题，不多于 20 题；技能维度试题库主要采用现场实操试题、技术问答、公文筐测验、工作实例答辩等，题目考核知识量大，要求每个评价内容不少于 1 题，不多于 5 题；潜能维度试题库应根据所采用的评价方法而定，可采用半结构化面试、无领导小组讨论等。

1. 公文筐测验

公文筐测验又称文件处理测验，在这种测评方法中，要求应试者在规定时间内对各种与特定工作有关的文件、报表、信件、电话记录等公文进行处理。考官根据被试处理公文的方式、方法、结果等情况，对其能力和个性特征做出相应的评价。公文筐测试通过对应试者的计划、授权、预测、决策、沟通等方面的能力，特别是针对应试者综合业务信息，审时度势、全面把握、运筹自如的素质的考察，来判断其作为高层管理者综合性管理技能。尤其是考察经理一级管理者的胜任能力。在实践中，公文筐测试主要用作评价、选拔管理人员培训，提高管理人员的管理技巧、解决人际冲突和组织各部门间的摩擦的技巧，以及人力资源计划和组织设计提供信息当中。

2. 半结构化面试

半结构化面试在面试构成要素中有的内容作统一的要求，有的内容不作统一的规定，也就是在预先设计好的试题的基础上，面试中主考官向应试者又提出一些随机性的试题。半结构化面试是介于非结构化面试和结构化面试之间的一种形式。它结合两者的优点，有效避免了单一方法上的不足。半结构化面试的方法有很多优势，面试过程中的主动权主要控制在评价者手中，具有双向沟通性，可以获得比结构化面试中更为丰富、完整和深入的信息，并且面试可以做到内容的结构性和灵活性的结合。所以，半结构化面试越来越得到广泛使用。

3. 无领导小组讨论

无领导小组讨论指由一组应试者组成一个临时工作小组，讨论给定的问题，并做出决策。由于这个小组是临时拼凑的，并不指定谁是负责人，目的就在于考察应试者的表现，尤其是看谁会从中脱颖而出，但并不是一定要成为领导者，因为那需要真正的能力与信心，还需有十足的把握。无领导小组讨论是经常使用的一种测评技术，采用情景模拟的方式对考生进行集体面试。无领导小组将一定数目的考生组成一组（8~10 人），进行 1h 左右的与工作有关问题的讨论，讨论过程中不指定谁是领导，也不指定受测者应坐的位置，让受测者自行安排组织，评价者来观测考生的组织协调能力、口头表达能力，辩论的说服能力等各方面的能力和素质是否达到拟任岗位的要求，以及自信程度、进取心、情绪稳定性、反应灵活性等个性特点是否符合拟任岗位的团体气氛，由此来综合评价考生之间的差别。

4. 工作实例答辩

工作实例答辩是一种对专业技术技能水平、解决问题能力，以及研究创新能力进行有效评价的方法和手段，其形式与半结构化面试相似。

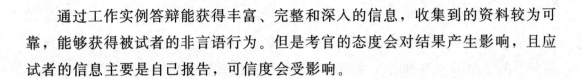

通过工作实例答辩能获得丰富、完整和深入的信息，收集到的资料较为可靠，能够获得被试者的非言语行为。但是考官的态度会对结果产生影响，且应试者的信息主要是自己报告，可信度会受影响。

六、题库编制流程

公司按照"干什么？学什么？考什么？"的要求，以管理胜任能力模型为依据，建立各工种评价试题库，每项培训评价规范中的要素内容按等级要求的不同，对应相关评价试题。题库编制流程如图6-3所示。

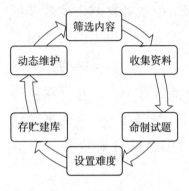

图6-3　题库编制流程

1. 筛选内容

浏览管理胜任力评价标准的知识、技能部分的评价要素以及对应的评价内容，选择其中适合编制试题的评价内容。明确不同的评价内容采用不同的评价方式。比如有的内容适合笔试，而有的评价内容更适合通过实操进行考察。而且要通过专家或在职员工的讨论，确定每一种测评要素的权重，权重的确定根据这一要素对胜任该岗位的重要性而定。

2. 收集资料

根据从管理胜任力模型中筛选的核心要素，收集以下相关资料，如：网、省公司规章制度，对应专业类别岗位的工作流程、工作手册、作业指导书或作业表单，对应岗位员工的工作报告等。

对收集的资料进一步筛选，可通过STAR方法对收集的内容进行筛选和加工，主要从以下方面开展：

（1）资料如果无法反映出任何测评要素，需要删除。

（2）资料太抽象或不够完整，应进行适当的补充完善。

（3）资料包含多个事件，需要进行适当拆分。

（4）事件描述太繁琐或过长，需要进一步加工和精简。

3. 命制试题

（1）考题标题。通过明确专业技术人员考试的出题内容，对考题标题可以拟定为"如何……""……工作的注意事项"等。

（2）试题正文。根据收集的相关资料，引用工作流程、工作手册、作业指导书或作业表单等，以情境模拟的设定说明考生即将开始的工作任务，设置考题。试题目的要明、角度要新、表达要当；既要注重单项考核，更要重视综合考核。必要时，要组织专人出题、审查，确保试题质量。

（3）设计评分表。评分表作为试题编制中的一环，在设计时须根据不同的题型设置相应的评分表，评分表应包括评分标准，即对不同要素进行定义，并对优、良、差进行定义，给出相应的分值范围。无领导小组讨论评分表示例见表 6 - 2。

表 6 - 2　　　　　　　　　　无领导小组讨论评分表（示例）

评价指标	指标说明	评分标准	应试者	
			1	2
应变能力（20分）	应试者在外界事物发生改变时，尤其是面对突发、紧迫的情景和压力时，能够迅速有效地分析局势和情况，并根据相关信息和经验，摒弃以往的定势和假设，及时调整应对策略，采取相应的措施，从而有效应对情境变化	优秀（17～20分）		
		良好（11～16分）		
		一般（5～10分）		
		较差（1～4分）		
执行能力（20分）	应试者能够准确理解上级工作意图和工作安排，主动思考，细化分解任务，积极寻求克服困难的办法，合理应对突发问题，合理运用资源推动工作按照计划开展，按计划努力达成目标	优秀（17～20分）		
		良好（11～16分）		
		一般（5～10分）		
		较差（1～4分）		
沟通协调能力（20分）	应试者能够对自己、他人、部门的活动做出计划、排出日程、调配资源，遵从上级安排的工作目标，与相关人员进行有效沟通，协调下级的工作步骤，解决产生的各项问题，并对冲突各方的利益根据一定标准进行协调	优秀（17～20分）		
		良好（11～16分）		
		一般（5～10分）		
		较差（1～4分）		
逻辑分析能力（20分）	应试者能从复杂零散的信息中提炼出核心信息，能快速找到关键节点和突破口，能够抓住事物的本质特点进行深层次的剖析	优秀（17～20分）		
		良好（11～16分）		
		一般（5～10分）		
		较差（1～4分）		
团队合作能力（20分）	应试者在工作中为了实现团队目标，以身作则，发扬协作精神，善于换位思考，与同事通力合作，并运用多种方式调动他人的工作积极性	优秀（17～20分）		
		良好（11～16分）		
		一般（5～10分）		
		较差（1～4分）		

评分说明：
1. 评价标准满分为 100 分。请按照评分标准进行打分。
2. 请您打分时，根据自己的判断进行打分，不要与其他考官商量。请考官使用签字笔进行签名并确定分数，否则按照无效分数处理。

考官签名：

日期：
年　月　日

（4）考试场地及人员要求。候考室和考场应无声音和气味等干扰，温度适宜。考场布置整洁舒适，无其他不良信息，有办公桌、椅、笔、白纸等工具，以及计时器、电脑、投影仪和摄像机等设备。考评员通常为3～5人。

（5）考核规范及要求。考核规范及要求主要是对考试试题的相关说明，包括考核依据、考核分值及考核评分标准等，比如在工作实例答辩试题中，考核规范及要求是对试题正文进行补充说明，并在考核过程中严格按照此要求答题。

（6）试题基本规范。采用国际通用的试题库信息化标准中的ASI模型作为格式标准，统一规范格式，为评价试题库的信息化奠定基础。每道试题，需按表6-3列出的元数据对试题进行描述，其中约束性一列中取值为"M"的为必填项，取值为"O"的为可选项。

表6-3　　　　　　　　　　各题型公共元数据

序号	元 数 据	填写方式	约束性	说　　明
1	试题编号	自动生成	M	试题编号对应评价标准中相应评价内容编号
2	试题内容	手动填写	M	即题干、题目
3	删除日期	自动生成	M	格式为 2012/12/4
4	创建日期	自动生成	M	格式为 2012/12/4
5	创建单位	自动生成	M	
6	创建部门	手动填写	O	
7	创建人	手动填写	O	
8	试题编辑人员	手动填写	O	
9	状态	自动生成	M	0 表示停用，1 表示启用
10	题型	列表选择	M	
11	试题难度	列表选择	M	
12	所属人	手动填写	O	
13	试题适用范围	手动填写	M	考试、自测、竞赛、课后作业、岗位胜任能力评测
14	专业类别	列表选择	M	专业类别代码组
15	关联岗位	岗位列表选择	M	岗位代码组
16	关联工种	列表选择	O	工种代码组
17	关联课程	课程列表选择	O	课程列表

续表

序号	元　数　据	填写方式	约束性	说　　　明
18	关联评价要素	评价要素列表选择	M	评价要素列表
19	关联评价内容	评价内容列表选择	M	评价内容列表
20	关键字	手动填写	O	用于搜索的关键字
21	图片	手动填写	O	
22	试题说明	手动填写	O	对本道试题的试题说明，作为题干的补充部分或者是一些答题的提醒
23	试题解析	手动填写	O	试题解答的整个过程和依据

4. 设置难度

对评分标准依据、考核内容、评分说明、配分以及扣分标准进行说明。题库中试题考核什么知识内容，什么层次的能力，难度、区分度乃至猜对可能性有多大，入库前都要一一查明，而且，试题质量参数（难度、区分度等）的值，都应表达在同一度量系统上；对于不同级别的考生也要明确相互间的区分度。

试题库的难度设计应遵循正态分布原则，试题题目难度比例为容易（20％）、一般（60％）、难（20％）。难度系数以 0～1 表示区间范围，数值越低的试题难度越大。

5. 存贮建库

存贮要有序。这个"序"，既取决专业体系本身，又取决于考试性质项目的对题库统计特征的要求。要充分考虑按难度、按题型搜索调用的方便。

6. 动态维护

题库应具有动态性，应随情况的变化而变化，绝不是一成不变的。动态维护要经常检查试题的思想性、科学性，要根据专业职系岗位职责的变化调整、增删内容，要及时修订题库试题参数值。

第三节　基于胜任力的人才培训发展

一、从胜任力出发提升人才培训发展的有效性

企业的发展是战略，战略的核心是执行，执行的根本是人才。战略人力资

源管理、人才管理、人力资本管理等一系列词语与财务管理、营销管理、技术管理一同成为企业决策层的核心关注点，突显出企业对人的日益关注。罗伯特·卡普兰和大卫·诺顿的平衡计分卡模型将学习与成长列为影响组织绩效的四大因子之一。彼得·圣吉的《第五项修炼》让学习型组织的创建成为研究热点。这一切都说明，员工的成长与发展是企业现实的渴求。

对于企业来说，培训工作一直都是人力资源管理的六大模块之一，培训工作也一直在开展，从新员工入职培训到基层员工技能培训，到中高层管理者领导力培训都有覆盖。但是总体上来看，各企业培训的效果却参差不齐。像IBM、摩托罗拉、通用这些国际企业，认为培训的投入产出费效比至少是1∶3，因此培训费用较多，而且培训的实施操作、效果评估都比较规范。国际大公司的培训总预算一般占上一年总销售额的1‰～3‰，最高的达7‰。但是，国内很多企业的培训在现实工作中却遇到一些问题，导致培训部门成为了"鸡肋"部门。领导认为这是花钱的部门，效益好的时候不受影响，一旦效益波动，培训部门便直接受到冲击。培训部门自身对于培训需求的准确把握、培训的有序实施等工作仍存在不少问题。而其他部门的很多人对培训则有错误的认识，所以他们不重视培训工作，要么不参加，要么"出工不出力"。这些方面相互影响、相互掣肘，导致培训工作很难达到预期的效果。

虽然面临很多问题，但目前国内企业总体趋势仍是在逐步扩大培训投入。一方面因为国内企业的快速发展；另一方面则因为企业管理者逐步认识到未来企业的竞争主要是人才的竞争，所以迫切希望培训工作能有效帮助企业建立人才优势。因此，从任何角度来看，培训的效果都是关于培训的一切工作的核心。目前最为常用的培训效果的评估依据是柯克帕特里克的四层次评估模型。

（1）反应层评估是指受训人员对培训项目的印象如何，包括对讲师和培训科目、设施、方法、内容、自己收获的大小等方面的看法，主要是一些主观性的感受。

（2）学习层评估是指对知识、技能等培训内容的理解和掌握程度。学习层评估可以采用笔试、实地操作和工作模拟等方法来考查。

（3）行为层评估指在培训结束后的一段时间里，员工的关键绩效行为是否有所改善。

（4）效果层评估即判断培训是否能给企业的经营成果带来具体而直接的贡

献，即培训是否带来了工作绩效的提升。

从理论上看，这个模型是比较完备的，既关注了被培训者的主观感受，又关注到了其知识、技能的获得、行为的改变甚至是绩效的提升。但是，现实的情况是，根据这个模型，企业往往只能关注到员工培训后的主观感受如何，知识技能是否获得，而行为是否改变就很难评估了，更不用说绩效是否有因果性的提升。所以，通常的结果是，企业在培训结束后，培训部门会进行一些对被培训者的问卷调查，但基本也就只能了解员工是否对培训的内容、形式满意，是否觉得讲师水平高等。因此，企业面临着培训效果评估难以精准量化的问题。

但是，这对于培训效果的影响只是效果评估上的影响。换句话讲，培训可能产生了巨大的影响，但是通过这个模型和问卷的手段去评价，却很难准确量化。而真正可能导致培训没有效果的是培训需求的确定。如果对没有进行充分需求分析的培训项目进行评估，那么评估的结果多半是令人失望的。对许多管理层来说，培训工作"既重要又茫然"，根本的问题在于企业虽意识到培训的重要性，但对自身的培训需求不明确。

培训需求的确定为培训的有效开展制定了方向，只有方向对了，才能谈得上有效。所以，企业在开展培训时，通常第一步都是培训需求的确定。但是做好这项工作却不简单，培训在中国企业兴起伊始，企业的培训需求甚至直接来源于培训市场课程的火爆程度。之后的培训市场又慢慢向培训讲师市场变化，哪个培训师名气大就请他来培训。这样的培训的有效性基本沦为空谈。

当下，很大一部分的企业在培训需求确定时，会从企业、岗位、业务与员工四个维度考虑，通常的做法是从其中一个或者多个角度来分析需求。企业层面的培训基本上是企业文化、企业规章制度层面的基础培训，通常是针对新员工入职时开展的；岗位层面的培训则是岗位相关的知识、技能、能力素质的培训，这是最为核心的培训部分；业务层面培训一般是针对与产品、服务相关知识的培训；员工层面的培训则是关注其职业生涯发展。这是一种比较全面的、科学的培训需求分析的方法。但是，效果如何还得看具体的操作过程。

对于培训需求的制订，一些企业的做法是由员工本人提出培训的要求，部门汇总审批。还有一些企业是由部门领导直接提出，通常是领导认为下属需要提高的方面。

对于企业培训需求的确定，通常可以考虑两个方面：一是组织需求，从组织发展的角度看，员工在各岗位上需要什么能力，目前哪些能力需要提升；二是员工个人层面，从员工自己的成长规划考虑，需要提升哪些能力。科学的做法是，以组织发展需求为基础，兼顾员工个人成长计划，二者有机统一才能达到最为理想的效果。

从组织层面，应该从以下方面做好员工的发展工作。

1. 定标准

只有知道要什么，才有可能获得什么。对员工的知识、技能以及能力素质进行培训，首先就得对此有一个标准，对员工的知识、技能和能力素质的要求到底有哪些，它们应该达到什么样的水平才能胜任现在的工作岗位。只有清晰界定，才知道培训怎么开始，何去何从。

某企业是一家中部地区的国有大型化工企业。企业在快速的发展过程中，对于人才的需求量也越来越大，尤其是中层管理人员。但是受到各种原因的制约，人才补充的数量和速度远远跟不上企业的需求，导致人才拔高任用的情况出现。例如，由于缺乏车间主任，内部培养准备不足，外部补充不畅，便直接从科长"破格提拔"，这样的情况普遍存在。为了不影响企业的生产，高层领导想到了培训，让"破格提拔"的中层干部先上任，再学习，快速胜任其工作职责。

人力资源部门跟某咨询公司合作，提出了其培训方案。首先要摸清楚，这些中层干部到底需要掌握哪些知识、技能、能力素质。其中，知识、经验、技能是显性的、门槛性的要求，能力素质是隐形的、择优的要求。表6-4对于岗位的要求按照"知识""经验""技能"和"能力素质"进行了分类，其中知识又分为专业知识和公共知识；经验从专业资格、学历、资格证书来区分；技能区分为专业业务技能与管理技能；能力素质包括中层管理者通用素质、专业素质和管理者个性方面的需求。并且，知识区分了掌握要求，有些要求精通，有些只要求熟悉；经验也有具体的要求；对于技能和能力素质的要求则可以根据企业的实际情况设置一定的要求水平。这样，既保证了岗位标准的全面性，又保证了可操作性。

表 6−4　　　　　　　　　经营管理部部长岗胜任力标准（示例）

知识	专业知识	(1) 企业战略管理和现代企业经营管理知识体系（精通）。 (2) 财务管理知识（精通）。 (3) 与公司相关的国家及地方政策（熟悉）。 (4) 计划统计知识（熟悉）
	公共知识	(1) 企业管理知识（掌握）。 (2) 人力资源管理知识（掌握）。 (3) 企业文化知识（熟悉）。 (4) 公司生产工艺、流程、安全相关知识（熟悉）
经验	专业经验	12 年以上工作经验（其中 5 年以上管理经验，2 年以上本公司工作经验）
	学历	全日制本科及以上学历
	资格证书	高级经济师或高级工程师
技能	专业业务技能	(1) 统筹管理、执行管控、计划控制。 (2) 计量管理、组织绩效管理
	管理技能	六大管理技能：计划、组织、指挥、协调、控制、激励
能力素质	中层管理者通用素质	(1) 培养下属。 (2) 执行推动、安全意识。 (3) 勇担责任、以身作则、主动学习、系统思考
	专业素质	(1) 经营能力。 (2) 统筹规划。 (3) 信息整合
	管理者个性	管理者个性指标（LPI）是影响管理者从事任务管理、团队管理、自我管理的重要个体内在因素，包括 16 个指标：情绪稳定、自信心、内控性、灵活性、独立性、支配性、外向型、合群性、宽容性、责任性、自律性、坚韧性、创新性、主动性、进取性、成就性

2. 照镜子

标准就像一面镜子，照镜子则是要根据能力标准盘点员工的能力，找出其优劣势，以促其保持优势，摆脱劣势。从企业角度来看，只有了解了大部分员工的能力水平，并与企业制定的人才标准作比较，才能清楚地掌握目前企业普遍并亟待提升的能力是什么，关键岗位人才的差距在哪里。从员工角度来看，与自己的职业生涯规划相比，目前这一阶段自己需要掌握什么样的能力，哪些达到了，哪些还需补充，怎样有效地提升自我。若二者能有机整合，对于企业和员工便是一个事半功倍的双赢的结果。照镜子，也就是能力素质盘点，其方法有多种，包括标准化的测量工具（如考试、心理测验等）、评价中心技术等。

3. 绘地图

员工能力盘点之后，可以获得其"能力地图"，在此基础上，便可以绘制人才的"发展地图"或"学习地图"。

通常，企业或岗位的学习地图一般都是从两个出发点来设置：一是企业最关注的能力素质，也就是关乎企业核心竞争力的能力要求；二是某些关键能力素质。通过照镜子，可以盘点出企业员工需要重点提升的关键能力素质。绘地图也可以区分几个层次：一是根据企业的总体人员水平状况来制定学习发展方向和路径；二是在总体的基础上进一步区分岗位的特点，由此进行针对性设置；三是在前两者的基础上进一步结合员工个人的职业发展规划进行全面考虑。

4. 促落实

有了"发展地图"，就为培训工作做什么、怎么做提供了方向。根据企业的总体培训方案，或者重点岗位的个人发展岗位，选择合适的培训方式，将培训方案落地。

二、胜任力诊断

胜任力诊断就是对员工与工作相关的胜任素质进行剖析，就是照镜子。对员工胜任力的诊断既包括"冰山"上层的显性东西，如知识、技能等，又包括"冰山"下面的隐性东西，如个性、动机、态度、能力素质等。

因此，企业胜任力的诊断在实践中更多的是"冰山"下面的个性、态度、动机、价值观、能力素质等方面的诊断。知识、行为技能等通常是基础性的能力，这些能力往往会随着工作实践的增多而增加，但具备了这些能力也只能说一位员工是合格的，要成为真正优秀的员工，必须具备良好的能力素质、强烈的动机、匹配的个性。例如，要成为一名优秀的销售，需具备基本的人际交往知识、礼仪，熟练地掌握产品的功能特性，这是最基础的、必备的。但是仅仅掌握这些东西，显然并不能认为他就是一名优秀的销售，他还需具备很好的人际交往能力，如主动沟通的意识，表达、倾听以及沟通的策略，还需具备很好的抗压能力和耐挫能力等。

目前在人才评价领域，对于胜任力诊断的常用方法包括标准化心理测验、360度测评、评价中心技术等。

（一）标准化心理测验

近年来，企业人才能力素质诊断也广泛使用心理测验。通过标准化的心理测验，全面评价人的能力、个性、动机等。这样，便可以了解一个人能力的优势与劣势，并提出有针对性的发展思路。标准化心理测验样例如图 6 - 4 所示。

沟通能力测验	有一位同事穿了一件新衣服来上班，看上去非常糟，这位同事来征求你的看法，你会如何回答？ A. 看上去与众不同，我以前从未见过。 B. 这衣服不适合你。 C. 这种新衣服很吸引人，适合你的个性和身材。 D. 我觉得如果你穿颜色更鲜艳、样式更活泼的衣服会看上去更好。
创新能力测验	下列图片可以代表许多不同的事物，你认为它最能代表的事物是什么？请选择。 A. 齿轮　B. 闪电　C. 血迹　D. 红宝石　E. 枫叶　F. 暗器　G. 星星　H. 西红柿
问题解决能力测验	以前有几项研究表明，食用巧克力会增加食用者患心脏病的可能性，而一项最新的、更为可靠的研究得出的结论是：食用巧克力与心脏病发病率无关，估计这项研究成果公布以后，巧克力的消费量将会大大增加，这一结论基于以下哪项假设： A. 尽管有些人知道食用巧克力会增加心脏病的可能性，却照样大吃特吃。 B. 人们从来也不相信进食巧克力会更容易患心脏病的说法。 C. 现在许多人吃巧克力是因为他们没有听过巧克力会导致心脏病的说法。 D. 现在许多人不吃巧克力完全是因为他们相信巧克力会诱发心脏病。

图 6 - 4　标准化心理测验样例

（二）360 度测评

360 度测评又称多元反馈系统、全方位绩效考核法等。它是由与被评价人有密切工作关系的多方位主体（包括被评价人的上级、同级、下级、自己、公司内外部客户、来自企业内部的支持部门和供应部门等）对被评价人进行全方位、多角度的评价的综合评估系统，从而全面、客观地搜集员工工作表现的信息，了解其优势和不足，并可以通过多次评价结果的连续跟踪和记录，帮助员工进行科学的自我评价，促进其不断成长。

360 度测评产生于 20 世纪 40 年代，最初被英国军方所用，从 20 世纪 50 年代起又被应用到工商企业中。它主要用于工作岗位分析和对管理人员的能力评价、筛选与安置。到了 20 世纪 80 年代，由美国的爱德华和爱温等学者在一些企业组织中不断研究，日臻完善。目前，在《财富》杂志评选出的排名前 1000 位的企业中，有近 90% 已将 360 度测评用于人力资源管理和开发，其中包括 IBM、摩托罗拉、诺基亚、美国联邦银行等。当国际上的许多企业采用这种评估方式并将自己取得的良好业绩归功于这种全新的评估方法时，360 度测评的概念很快传入中国，越来越多的企业开始使用 360 度测评，尤其是一些大型企业、高新技术企业。但在实践中，许多企业并没有取得预想的提高组织绩效、增强组织凝聚力、促进组织变革等方面的明显效果。

360 度测评的核心理念是：①全方位、多角度的理念，评估者由上级、同事、下级、客户以及被评估者本人共同构成；②促进员工个人发展的理念；③重视信息反馈和双向交流的理念；④减少误差、实事求是的理念。360 度测评的理论基础是真分数理论，目的就是为了追求"真分"，追求最小的误差，追求实事求是。

360 度测评的长处在于能恰当地反映被测评者的德行表现以及大家对被测评人表现出来的才能的认可，并且把定性评价工作用细化的指标进行量化分析，其结果可以进行排队比较。但其弱点是无法对被测评者的工作实绩进行评价，对被测评者内在的性格特点和潜在素质也无法测评出来。

360 度测评的程序是设定测评用表→分组→确定参加测评人员→动员→发表→回收→数据录入→数据处理→出报告→反馈面谈。

设定测评用表是 360 度测评的基础。根据职位对被测评人的能力素质要求不同而设定不同的测评用表，不仅要确定评价项目或评价因素，还要确定各项目或要素的权重分值。一般从能力素质表现、品德修养表现、知识水平应用等方面来评价。

360 度测评是一项面向全员进行大范围评价的严肃性工作，涉及人员多、面广，参加测评人员的基本情况、经历、所受教育程度及素质又不尽相同，而这些都将直接影响到 360 度测评工作的结果。一般采取将被测评人分组，同时进行测评。动员也是 360 度测评的一个必要环节，通过组织者的有效解说，使每个评价者都能理解评价工作，充分认识到 360 度测评的重要性和深远意义，自觉地参加这项工作，把自己对被测评人最真实的看法表现出来，使测评的结果能较为客观公平。

360 度测评的核心技术在数据处理。首先，针对单个评价者而言，每个评价项目有各自的项目得分、总分为所有项目的加权平均值；其次，针对所有评价者而言，每个评价项目都各自的平均值、标准差和变异系数。最后，还可进行 T 分数（类似于智商分数）转换，便于进行人员比较。可以说，360 度测评大量使用了数理统计分析理论。

（三）评价中心技术

严格来讲，评价中心技术是一种程序而不是一种具体的方法；是组织选拔管理人员的一项人事评价过程，不是空间场所、地点。它由多个评价人员，针对特定的目的与标准，使用多种主客观人事评价方法，对被试者的各种能力进行评价，为组织选拔、提升、鉴别、发展和训练个人服务。评价中心技术的最大特点是注重情景模拟，在一次评价技术中包含多个情景模拟测验，可以说评价中心技术既源于情景模拟，但又不同于简单情景模拟，是多种测评方法的有机结合。评价中心技术具有较高的信度和效度，得出的结论质量较高，但与其他测评方法比较，评价中心技术需投入很大的人力、物力，且时间较长，操作难度大。

评价中心技术又被称为情境模拟技术，通过创设一种逼真的模拟管理系统和工作场景，将被试人纳入该环境系统中，使其完成该系统环境下对应的各种工作。评价中心技术是一整套的对人的能力素质进行评价的综合技术，主要包括公文筐测验、小组讨论、角色扮演、案例分析以及管理游戏等。

1. 公文筐测验

公文筐测验也叫公文处理、文件筐测验，是评价中心中使用最多的一种测评形式，使用频率高达80%以上，也被认为是最有效的一种测评形式。其目的在于创造一个现实的环境来让求职者充分展示其才能。其基本方法是将某一特定层次的工作经常遇到的情况，通过案例公文形式让被测试者处理，通过直接观察其处理公文的时效和绩效，清楚地分析出被测试者所具备的能力。测试中，将实际工作中可能会碰到的各种信件、便笺、指令等放在一个文件筐中（这些问题会涉及各种不同类型的群体同事、下属以及组织外的一些人），要求被测试者在一定时间内处理这些文件，相应做出决定、撰写回信和报告、制订计划、组织和安排工作（求职者必须先按重要程度对这些问题排序，有时还要求写出具体措施。在测试中对每个人都给予一定的时间限制，偶尔还要被中途打来的电话所打断，以创造一个更紧张和压力更大的环境）。通过让受测者处理一系列文件，主试可以观察评价受测者的组织、计划、分析、判断、决策、分派任务的能力和对于工作环境的理解与敏感程度。文件筐测验考察被试者的敏感性、工作独立性、组织与规划能力、合作精神、控制能力、分析能力、判断力和决策能力等，测的是受测者实际解决问题的能力，与通常的纸笔测验相比，显得生动不呆板。

从测评形式上看，文件筐测验采用纸笔与面谈相结合的方式，可以多人同时施测，分别对个体行为直接观察，另外检验的灵活性强，可以根据不同的工作特性和待测素质设计题目。最后，从测评结果的效度来看，研究表明文件筐测验与管理者的工作成绩相关较高。

【案例】

＜背景＞

××科技有限公司是一家专业从事电脑、消费电子、数位内容、汽车零组件、通路等6C产业的高新科技民营企业，自1998年公司成立到现在，一直贯彻"品质诚信、技术卓越"的品质理念，经过15个年头，从初期艰难创业、开拓市场到企业慢慢发展壮大，在同行业中占有一席之地。近年来，公司已渐渐进入平稳发展阶段……

＜任务＞

请你以××科技有限公司副总经理吴总的身份处理下面的文件，由于你后面还有一个重要会议，所以你处理这些文件的时间总共只有60min。

所有的文件均需勾选出紧急性和重要性，并给出处理意见和处理理由。请注意：即使交由其他人处理的文件，也需明确给出您的处理思路。

文件1			您对该文件的处理序号：

重要性	高	中	低		急迫性	高	中	低

吴总：

您好！公司近期组织了一次人事考核，将提拔一批人做新项目生产的负责人。其中几个考察对象是您原来的下属，他们均在公司工作5年以上，对公司忠诚奉献。至于如何选用，我们希望征求您的意见。

小A：工作认真负责，勇于承担挑战，但缺乏远见，容易一叶障目不见泰山。

小B：个人能力强，技术过硬，有钻研精神，却缺乏相应的团队管理经验。

小C：有较强的管理和执行能力，但缺乏亲和力，下属多抱怨其不近人情。

小 D：具有亲和力，深得同事信任，但容易受情绪影响，耽误工作推进。

此外，针对您推荐的候选人，如何克服其不足，以尽快适应新的岗位，还请您提出宝贵意见。

人力资源部　朱××

您的处理意见：

_____

处理的理由或依据：

_____

2. 小组讨论

小组讨论可以分为两种形式：有领导小组讨论和无领导小组讨论。有领导小组讨论是测试人专门指定某位被测试者为小组中的领导，负责主持整个讨论并最终形成决议。它能够测评出被测评者的各种技能，与实际情形较接近，但是这种方式因为要求每位被测试者都做一次领导，所以需要花费的时间较多。

无领导小组讨论是评价中心最具特点、最具典型的测评技术，也是一种十分常用的评估手段，适用于对具有领导潜质的人或某些特殊类型的人群如营销人员进行测评。测试时，安排一组互不相识的被试者（6～8 人）组成一个临时任务小组，并不指定任务负责人，在一限定的时间内对一给定的主题进行讨论，施测时间为 1h 左右，最后拿出小组决策意见，并以书面形式汇报。例如 IBM 公司在无领导小组讨论中要求每个人必须对要提拔的候选人（常是虚构的人物）给予 5min 的介绍并发表自己的观点，然后在讨论中进行辩论。测试者对每个被试者在讨论中的表现进行观察，考察其在自信心、口头表达、组织协调、洞察力、说服力、责任心、灵活性、情绪控制、处理人际关系、团队精神等方面的能力和特点。

无领导小组讨论常用于选拔企业中的优秀人才，与其他测评工具相比，它具有以下优点：能检测出笔试和结构化面试所难以检测出的多种能力与素质，能观察到考生之间的相互作用，能依据被测试人员的行为表现对被测试者进行更全面、更合理的评价；被测试者的掩饰性较小，更易测出其准确的个性与能力；能节省时间，可以同时比较竞争同一岗位上多位被测试者；应用范围广泛，能应用于非技术领域、技术领域、管理领域和其他专业领域等。

3. 角色扮演

角色扮演是被测试者按照测试人的要求扮演某一角色，并进入到这种角色的情景中，由主考人员进行口试，从而了解被试者的思维能力、应变能力、口头表达能力、主动精神、政策掌握水平及言谈举止、仪表仪态等，也可向其阐述他现在所处的情景条件及需要解决的问题，然后要求他进入角色，进行即兴表演、问卷模拟（用问卷的形式阐述多种案例进行测验，要求被试者根据指定的社会角色进行系列回答）等，测试者通过被测试者在角色中的行为进行测评。

【案例】

＜背景＞

××科技有限公司是一家专业从事电脑、消费电子、数位内容、汽车零组件、通路等 6C 产业的高新科技民营企业，自 1998 年公司成立到现在，一直贯彻"品质诚信、技术卓越"的品质理念，经过 15 个年头，从初期艰难创业、开拓市场到企业慢慢发展壮大，在同行业中占有一席之地。近年来，公司已渐渐进入平稳发展阶段……

您叫吴念，是××科技有限公司的副总经理。您从 2000 年加入公司到现在已经 13 年了，对公司的情况非常了解。通过去年的内部竞聘，您顺利升任公司的副总经理。总经理陈总已去美国参加一个行业新技术趋势的研讨论坛，要过两周才能回国，并将这两周公司的事务交由您全权负责。假设今天是 2013 年 8 月 8 日，星期四的上午 9 点半，您刚刚从外地回到公司，小李就反映有好几个较为紧急的文件需要您处理，其中，一条来自生产部王龙的文件引起了您的注意，内容如下：

吴总：

正值酷暑三伏天，天气炎热，而且今年又是常州 145 年以来最热的一年，这几天高温异常，连续 5 天达到 40℃以上，未来两个礼拜预计也是这个情况，好几位老工人在工作时多次发生中暑现象。虽然已得到及时处理，也给予员工慰问和补偿，但是大部分员工反映应该放高温假，否则是违反劳动法的。而上海那边刚下了两个急单，希望能在 9 月份之前交付产品，如果这个时候给员工放高温假实在会影响整体的交货进度，并且之前销售部那边已经答应客户了，客户在 9 月份就要开始整机组装，不能耽误。

我已经给生产部的员工说明了目前的情况，但是员工还是不同意，一定要求放高温假，还请吴总指示如何处理更妥当。谢谢领导。

生产部部长：王龙

2013 年 8 月 7 日

看到这份来自王龙的工作文件，您想起了一些关于王龙的事：

王龙，专科毕业，现任生产部部长，进入公司有 10 年了，是公司的元老，对公司忠诚奉献，从公司基层职工慢慢升到现在职位。最初他是生产线上的一名装配职工，学习能力较强，又富有钻研精神，多次提出宝贵意见，完善生产流程，受到公司多次奖励。因其技术过硬，一个月前被提拔为新产品生产部负责人。因长期作为技术人才，王龙在管理上还有欠缺（例如，管理方法不科学、容易做老好人、对下属威严不够）。虽然如此，公司还是提拔他，希望他能迅速成长，成为技术和管理上的全面人才，为公司的发展继续做出贡献。

看到王龙的文件，您心里很清楚，这件事情必须妥善处理，因为公司总体业绩并不理想，不能再出现这种损坏公司形象的事情。而且，新产品的生产关系到公司今后 3 年内的战略布局，关系到公司是否能够占领更多的市场份额，公司品牌是否能够提升。所以，您觉得有必要找王龙谈一次，以帮助督促其工作的进展。

这时您的电话响了，是王龙打来的，他想当面向您请教一些有关项目管理

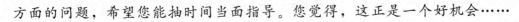

方面的问题，希望您能抽时间当面指导。您觉得，这正是一个好机会……

＜任务＞

您已经答应了王龙的面谈请求，按照工作安排，您有 15min 时间与他进行谈话。在这次谈话中，您需要达成以下 3 个目的：

（1）回答王龙准备向您请教的问题，以使他在项目管理的能力上有所提高。

（2）向王龙施加压力，让他务必在后面的工作中加大力度，确保新产品的生产和供应顺畅。

（3）借助这次机会指导王龙如何进行团队下属培育，借助此事件的处理，将团队管理和下属培养融入其中。

请记住，您的身份是××有限公司的副总经理吴总，王龙马上就要进来了，20min 后您还要参加一个重要会议。因此，此次谈话时间必须控制在 15min 以内。

生产部王龙 10min 后将来到您的办公室，您将有 10min 的时间准备。如果需要，你可以在下面的方框中列出提纲和准备笔记。对于题目未给出的条件，您可以做出合理假设。

4. 案例分析

案例分析题是向考生提供一段背景资料，然后提出问题，在问题中要求考生阅读分析给定的资料，依据一定的理论知识，或做出决策，或作出评价，或提出具体的解决问题的方法或意见等。

案例分析题属于综合性较强的题目类型，考察的是高层次的认知目标。它不仅能考察考生了解知识的程度，而且能考察考生理解、运用知识的能力，更重要的是它能考察考生综合、分析、评价方面的能力。因此，案例分析是区分度很高的题目类型。当前，大型企业越来越重视舞台展示型的案例分析中涌现的优异学子。

当然，案例分析也有它的不足之处，主要有以下三点：

（1）编制比较困难。案例分析题对背景资料有很高的要求，这给编制带来较大的困难。

（2）在一份试卷中所占的篇幅或分数较大，但题量较小，因而影响到整卷对知识面的覆盖。

（3）评分上容易受阅卷者主观因素的干扰，所以评分信度不宜高。

【案例】

"振兴年的商务计划"
——你将如何推动盛大的振兴？

＜背景＞

你于去年 10 月加盟了经销商盛大，担任总经理刚满三个月。盛大隶属于远大集团，位于某二线城市，一直经营着某知名中档汽车品牌。作为该区域最早入网的经销商之一，盛大入网以来的经营业绩一直不错，曾连续 5 年保持着经销商五星评级。但是出于种种原因，盛大的经营自去年年初开始出现一些问题。在去年市场形式非常好的情况下，盛大的全年新车销售计划仅完成了 95％，售后产值仅完成了 90％，年底综合排名也跌出了前 15％。前任总经理也已经于去年 9 月离职。你临危受命，上任三个月以来，该店的经营业绩仍未达到集团和厂家目标。新年伊始，集团特别将今年定位为盛大的"振兴年"，要求你尽快制定新的商务计划，扭转目前的经营局面。

厂家和集团的计划和要求。

（1）集团对目前的经营状况很不满意，在与你就年度目标达成共识后，要求你制定一份商务计划。期望你在未来半年内能够扭转局面，实现以下经营目标：

1）本年头三个月内停止业绩下滑趋势。全年销量增长 20％，利润增长 35％。

2）客户满意度重新回到全国排名前 10％。

3）稳定关键岗位团队，降低关键岗位人员流失率。建立关键岗位人员后备培养计划。

4）提高员工满意度 10％。

同时，集团也明确表示今年将在资源上给予支持，但前提是看到有说服力的计划。

（2）厂家计划在 5 月份的全国车展上推出两款新车。这两款新车口碑不错，市场期待已久，预计会很受欢迎。厂家也对销量有乐观的预期。按照以往经验，厂家很可能会将各个经销商今年头几个月的销量作为新车额度调拨的重要参考。

（3）下个月底，厂家将派区域经理和指导老师来公司进行现场调研和指导，此次指导的目的在于了解公司排名下降的原因，观察改善进度，协助分析原因并提供建议。

外部形势。

（1）研究报告显示，在经历了前几年的爆发式增长后，汽车市场增长开始放缓。加上一系列购车优惠政策的取消，一线城市车市"紧缩"趋势明显，但二线、三线城市尚存巨大增长空间。

（2）过去半年，盛大周边有三家同档次的其他品牌经销商开业。竞争对手高薪挖人现象严重，特别是关键岗位人员。

（3）你了解到，本品牌最主要的竞争者今年将组织几家店策划一系列的大型市场活动，第一个大型活动将在下个月推出。

内部形势。

（1）销售业绩。

1）去年第四季度盛大的销售业绩比往年同期略高，距离厂家和集团目标分别还有5％和8％的差距。

2）近一年来盛大的市场占有率下滑了5％，利润率下降了3％。而且，老客户介绍新客户的比例在下降。

3）从主机厂的品牌战略来看，大客户是重要的目标客户群，一般可以贡献盛大销量的40％。但是近半年来，大客户和团队客户购车量下降了20％。

4）这个月的报表还显示某款车的库存量超过了标准线。财务经理提醒你如期完成下一季度销售任务，目前还有400万元的资金缺口。

5）精品附件的利润率最高，但是销售顾问的销售积极性却不高。

（2）售后业绩。

1）这两年的新车销售带来了很多新客户，但是近一年来老客户流失了15％，导致基盘客户没有增长。进场台次也没有明显变化。

2）你还了解到，去年四季度的客单价下降了5％，一次性修复率指标保持稳定。

（3）客户满意度情况。客户满意度调查成绩排名已经连续 6 个月下滑，去年四季度排名在区域排倒数第 3。你曾了解过满意度下滑的原因，你认为客户反馈的接待时间长等都是表面现象。这个问题需要综合考虑，找到更深层次的问题，以更好地解决问题。

（4）人员情况。销售和售后部人员流失率偏高，关键岗位流失率更是达到了 25%。去年年底的员工满意度调查显示：员工的整体工作满意度下滑了 10%。报告中需要你重点关注的信息有：

1）售后服务顾问间的销售提成收入差距很大，过大的收入差距使部分服务顾问特别是新顾问的工作积极性受挫。

2）20% 的员工反映直接上级管理方式简单。

3）90% 的员工对培训和职业发展的需求上升明显。

4）70% 的员工不清楚部门目标，不了解个人工作与完成公司目标的联系。

（5）与同类店相比，盛大的发展时间较长，基础不错，有一批扎实的老员工。特别是售后部门车间的几个技术骨干，为盛大赢得了一定的专业声誉。有一批车主遇到维修难题会首先想到盛大。

＜任务＞

作为盛大刚上任三个月的总经理，请完成以下任务：

根据上述信息，请你分析盛大的现状，并制定今年的年度商务计划。

（1）分析盛大的现状时，请采用你习惯的分析方法。

（2）结合现状分析和集团目标，请制定一份改善盛大目前经营状况的年度商务计划书，需体现以下信息：

1）你如何分解集团下达给盛大的经营目标？

2）你将通过哪些重点举措来实现这些目标？

3）你分解目标和制定重点举措的考虑依据是什么？

5. 管理游戏

管理游戏是一种以完成某项"实际工作任务"为基础的标准化模拟活动。一般情况下是要求被测评者共同完成这项"实际工作任务"，有时候还伴有小组讨论。通过活动观察与测评被试人员实际的管理能力。在这种活动中，小组各成员被分配一定的任务，必须合作才能较好地解决它。有些管理游戏中包括劳动力组织与划分和动态环境相互作用及更为复杂的决策过程。通过被测试人员在完成任务的过程中所表现出来的行为来测评其素质，有时还伴以小组讨论。

管理游戏的优点是：能够突破实际工作情景中时间和空间的限制，模拟内容真实感强，具有浓厚的趣味性，具有认知社会关系的功能。当然，其本身也存在某些缺点：通常需要花费很长的时间去准备和实施，富有开创性精神的被试人员往往会因为处于被试地位而感到压抑。

【案例】

你们是一家户外游戏设计公司的设计组成员。公司已经有一段时间没有推出新游戏了，这种状况已经引起了总经理的关注。在此之前，公司曾推出过一款新游戏，但市场反应极其冷淡，这造成了大量游戏原材料积压，主要是大批塑料绳和笤帚（这些笤帚在以前那个不成功的游戏里作为道具，模仿巫婆的坐骑）。现在一家著名的拓展训练公司正在征集新游戏，为了把握这个机会，总经理要求每个设计小组利用现有原材料设计出一个全新的、可由几十人共同参与的游戏，并且为游戏想出一个精彩的名字，增强竞争力。

在设计的过程中，你们的直接上级会到现场查看你们的设计进度，并对你们的成果提出一些建议。20min后，你们将与其他小组共同参加由总经理主持的成果汇报会，在会上你们将有机会说服总经理和其他评委采纳你们的游戏。所有小组汇报完毕后，每个小组推举2名组员担任大众评委，由总经理和大众评委团一起来投票，选出最佳游戏。设计被采纳的小组将获得丰厚的奖励。

游戏开始前，还要强调一些注意事项：

（1）所设计的游戏中必须用到本小组领到的全部原材料，不能像以前那个不成功的游戏那样，仅仅作为一个故事情节的道具。

（2）各位都必须参与到本小组的产品汇报中。

（3）游戏设计时间为20min，汇报时间为5min。

（4）游戏设计的过程也是竞争的过程，每个小组必须独立完成，不得抄袭其他小组的设计，同时也必须保护自己的成果，不得将自己的成果泄露给其他小组，否则也将受到惩罚。

现在，各位就开动脑筋吧，祝你们好运！

在胜任力诊断中，每种测评工具的测评侧重点不同，因此，能够考察的胜任素质也有差别。比如，公文筐测验能够较好地考察决策能力这一胜任素质，却难以有效考察主动学习的能力。测评工具是测评标准落地的保障，即使胜任力的标准设置得再合理，如果测评工具不合理，测评的效果也会大打折扣。因此，在胜任力诊断时，需要根据相应的测评指标选择合适的测评工具。

三、构建学习地图

企业建立了优秀人才的标准，这是第一步，这使企业知道自己需要什么样的人才。这样的标准通常是基于企业战略、企业目标、企业价值文化、优秀员工的素质交集解构整合而来，因此具有极高的指向性。在此基础上，对企业现有的关键岗位或者全员进行胜任力评估，也就是照镜子，让企业知道员工总体水平如何，让员工知道自己离优秀的标准还差多远，从而找出需要弥补的部分或发展目标。

绘地图，构建企业学习地图，可以规划员工学习发展的路径，保证学习发展有路可循。

(一) 学习地图的概念

学习地图是一个比较新的概念，是国外研究和实践提出的，称为 Learning Map 或 Learning Path。之后这一概念被引入中国，受到热捧。很多企业甚至把学习地图当作解决企业培训难题的一把金钥匙，试图通过实施学习地图来全面提升企业培训的品质和层次。在初期的运用中，很多企业并不了解学习地图的内涵，而是跟随潮流，照葫芦画瓢，结果往往效果并不理想。现在，企业对于学习地图的运用慢慢回归理性，认识到学习地图其实是一个体系工程。

学习地图是指企业基于岗位能力而设计的员工快速胜任的学习路径图，同时也是每一个员工实现其职业生涯发展的学习路径图和全员学习规划蓝图。基于管理胜任力模型的学习地图是最常见的学习地图。

最初企业的培训是以讲师以及培养资源为基点的，即企业有什么样的讲师，就开什么样的培训课程。这样的培训效果显然有限。而基于胜任力的培训，则是以员工能力素质要求为基点来规划培训体系，即员工的能力要求缺少什么，就培训什么。如果目前没有相应的讲师或者课程资源，就创造这些资源。并且，在众多需要培训的能力素质要求中，有的适合用集中授课的方式培训，有的适合行为化的培训，有的需要自我的反思总结等。因此，进一步发展的学习地图不仅仅是一个传统的课程体系，而是一个整合多种学习方式和学习资源的胜任力发展体系。无论是员工的晋级、转岗或者更为长远的职业发展规划，在基于管理胜任力模型的学习地图中，均可以很容易地制订出学习计划。

（二）构建学习地图

学习地图的构建通常基于管理胜任力模型。在企业实践中，通常会有专业条线类的学习地图以及重点岗位的学习地图。这只是根据不同的对象而进行区分，其本质是一样的。

学习地图的构建，首先要做的就是管理胜任力模型的构建。在此基础上，有针对性地设计学习内容，并将这些学习内容和资源体系化。

根据学习地图在企业中针对的主体以及覆盖范围的不同，可将学习地图分为以下三种类型：整体型，即覆盖全员的学习地图；群体型，即仅针对部分关键群体的学习地图，如核心管理层、新员工等岗位；岗位型，即针对公司中的某一重点岗位的学习地图。三种类型学习地图构建步骤都是相同的，包括四个步骤：岗位梳理、能力分析、内容设计、体系建立，如图 6-5 所示。

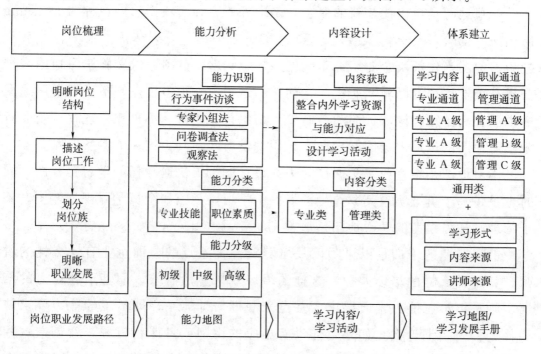

图 6-5 学习地图构建步骤

1. 岗位梳理

岗位梳理即通过明确岗位的结构、描述各岗位的工作内容及职责并对不同的岗位族进行划分，并最终梳理出对应的职业发展通道。通过岗位梳理，合并工作职责相近的岗位，划定岗位族，将大大降低课程库的冗余重复以及学习地图规划的复杂度。同时结合公司员工的职业发展路径，明确各岗位族的职业发展通道。

2. 能力分析

通过岗位胜任力的全面评估，构建岗位胜任力模型。运用多种工具进行胜任力诊断，找到胜任力的短板。当某些胜任力短板存在共性时，就是培训发展需要考虑的方向。

3. 内容设计

根据培训基点，确定每个能力要素的学习课程，经过课程整合之后，形成某层级客户经理的课程学习包。课程学习包括学习目标、学习要点和建议所采取的学习方式。

4. 体系建立

按照职业发展路径形成相应的晋级包，依据岗位核心工作要点形成轮岗包。汇总"晋级学习包"和"轮岗学习包"，根据员工不同职业发展路径的要求，可以将学习内容分为通用的新员工学习内容、初级员工学习内容、中级员工学习内容、高级员工学习内容以及领导人的学习内容，并可按专业业务条线划分。

至此，可形成清晰完整的企业学习地图。将岗位能力、学习资源和职业发展有机整合在一起的学习地图，对于企业学习发展以及培训管理工作而言，不仅可以在运营层面上进阶提升，更可以在战略层面上发挥卓越的功效。根据学习地图构建方法，可以将公司的战略地图转化为能力地图，再将能力地图转化为学习地图，从而把公司战略发展和员工能力提升紧密关联。

（三）学习地图的主要内容

学习地图的核心要素包括管理胜任力模型、职业发展路径和企业中的学习资源。

1. 管理胜任力模型

管理胜任力是一个组织为了实现其战略目标而对组织内个体所需具备的知识、能力和职业素养的综合要求。

所谓知识是指员工为了顺利地完成自己的工作所需要知道的东西，如专业知识、技术知识或商业知识等，它包括员工通过学习和以往的经验所掌握的事实、信息和对事物的看法；能力则是指员工为了实现工作目标、有效地利用自己掌握的知识而需要的能力，如手工操作能力、逻辑思维能力或社交能力等，通过反复的训练和不断的经验累积，员工可以逐渐掌握必要的能力；职业素养则是指组织在员工个人素质方面的要求，如诚实、正直等。

管理胜任力模型是学习地图的关键支撑，以职类/职种和职级为基础，明确不同职类/职种的员工在不同成长阶段的能力要素和主要行为表现，反映职业发展不同阶段的能力要求。可以通过与公司中高层领导、各职类/职种高绩效任职者、专家的访谈和验证基础上，运用工作流程分析、跟岗观察等多种分析手段，进行工作内容汇总整理工作，建立管理胜任力模型，确保其紧密围绕公司战略并具备以下四个特点：可衡量或可观察的、全面的、独立的并且具有清晰的描述。

2. 职业发展路径

职业发展路径通常划分为两种：一是按年龄划分；二是以能力为中心进行划分。从培训的角度来看，后者更符合学习设计的输入需求。按照能力通常可以将员工的职业生涯全周期分为如图6-6所示的四个发展阶段。在不同的职业发展阶段，由于员工个体知识、技能和职业诉求的差异，员工的行为表现也不尽相同。

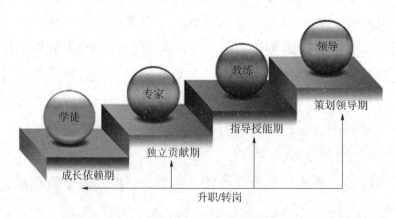

图6-6 员工职业发展阶段

新员工入职后，一般都会首先进入成长依赖期。在该阶段，员工担当"学徒"的角色，通过参与各项工作来辅助其他同事完成任务。因为专业技能水平尚未得到充分的训练，因此经常需要前辈和上级的指导。初入职的新鲜感和天然的渴望被认可心理会激发该阶段的员工产生高昂的工作热情并积极融入团队。

在经过一系列的培训和工作实践后，员工各方面都得到了提升，逐渐过渡到了独立贡献期。在这一阶段，他们在具体业务方面已经成为了"专家"，可以独立自主地完成分内工作，不再仅仅辅助他人。技能水平已经较为熟练，不再依赖督导，但是专家经验尚不够丰富，还不足以承担起教导他人的使命。工作热情则由初入职时的过分高涨转为积极稳健，开始注重对内树立信誉和威望。

再经过一段时间的积累，员工就迈入了第三阶段，承担起"教练"的角色。这时员工对专业技能的掌握已经到了非常精通的程度，对内可以用自己的知识和经验指导他人，对外则能代表企业洽谈业务；依靠建立起的内外关系网，教练型员工可以成为企业举足轻重的中坚力量。然而，绝大部分的员工在该阶段都会丧失原先保持的良好工作热情，开始注重工作与生活的平衡，进取心减弱，最终受困于技术教练的角色而遭遇职业天花板。

只有极少部分员工才能步入最后的策划领导期。在该阶段，员工成为了真正意义上的"领导"，技术方面已经不需要关注细节，而是发掘更多的前沿和利润增长点。工作内容不再是解决技术难题，而是需要从全局上行使引导和指挥的权力，制定各种战略决策，为组织指明发展方向。成为领导后，自身发展与企业发展很好地融合，进一步激发了其职业进取心，发掘新锐后备人才也成了其重要使命。

不同成长阶段的工作任务和行为特征见表 6－5。

表 6－5　　　　　　　不同成长阶段的工作任务和行为特征

阶　段	工　作　任　务	行　为　特　征
学徒 （成长依赖期）	（1）在指导下发挥创造性、主动性。 （2）在时间或资源压力下能正常工作。 （3）积极融入团队，学会共同工作	（1）主动接受指导，服从工作安排。 （2）参与工作任务并有良好表现。 （3）掌握日常基本工作
专家 （独立贡献期）	（1）树立信誉与威望。 （2）建立良好的内部工作关系	（1）对分内工作尽职尽责。 （2）较少依赖督导。 （3）专业技能有所提高
教练 （指导授能期）	（1）以上司、导师的角色培养人。 （2）有效代表组织与客户和外界交往。 （3）建立良好的内部关系网	（1）专业技能得到拓宽。 （2）开阔视野。 （3）以自己的知识和技能激发他人

续表

阶　　段	工　作　任　务	行　为　特　征
领导 （策划领导期）	（1）组织资源。 （2）寻找关键人才与后备管理人员。 （3）代表组织处理重大事务	（1）为组织指明方向。 （2）发现机遇，引导业务需求。 （3）行使权力

3. 企业中的学习资源

绘制员工学习地图的一个重要环节，是按照能力提升需求为员工确定和开发相应的学习课程与培养方案。针对不同职类/职种和职级，基于胜任力的匹配，明确每个能力及能力等级对应提升的学习内容、学习形式和受众群体，梳理建立适用于各职类/职种和胜任力标签的核心课程体系。

首先要根据员工岗位的能力需求，从管理胜任力模型指标定义、行为描述提炼培训目标，基于培训目标从已有资源中匹配学习课程。对应企业中已有的课程，对于暂无的课程体系，需要进行重新设计开发。

匹配现有课程示例如图 6-7 所示。

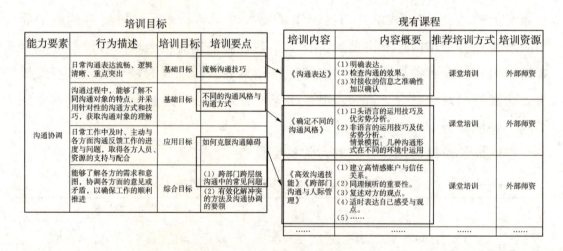

图 6-7　匹配现有课程示例

对于无法匹配上对应课程的培训目标，形成培训课程大纲。具体过程如下：

（1）明确培训目标。首先明确某一沟通要素的指标定义和行为描述，根据行为描述确定培训的基本目标。例如首先给出能力要素“沟通协调”的指标定义和行为描述，见表 6-6，根据行为描述得出沟通协调的培训基本目标是使得培训学员能够根据不同沟通对象，采用有针对性的沟通方式和技巧。

表 6‑6　　　　　　　　　　能力要素的指标定义和行为描述

能力要素	指 标 定 义	行 为 描 述
沟通协调	在日常工作中，针对上级、同级、下级以及外部合作单位的特点，采用针对性的沟通方式、技巧，实现信息的上传下达，完成人员、资源的组织和调配	日常沟通表达流畅、逻辑清晰、重点突出
		沟通过程中，能够了解不同沟通对象的特点，并采用针对性的沟通方式和技巧，获取沟通对象的理解
		能够了解各方的需求和意图，协调各方面的意见或矛盾，以确保工作的顺利推进

（2）确定课程内容，如图 6‑8 所示。

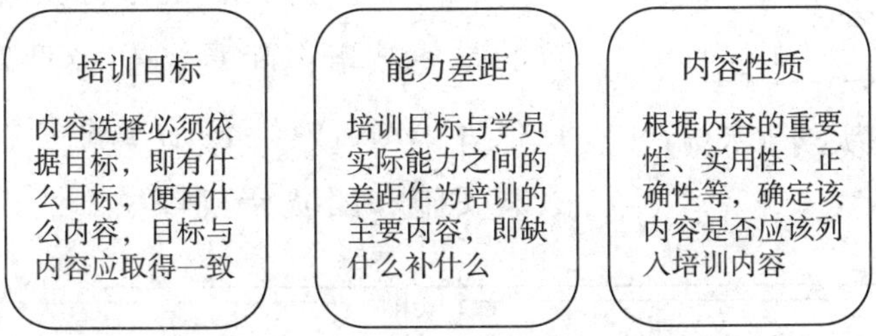

培训目标	能力差距	内容性质
内容选择必须依据目标，即有什么目标，便有什么内容，目标与内容应取得一致	培训目标与学员实际能力之间的差距作为培训的主要内容，即缺什么补什么	根据内容的重要性、实用性、正确性等，确定该内容是否应该列入培训内容

图 6‑8　课程内容（示例）

（3）设计学习活动，见表 6‑7。

表 6‑7　　　　　　　　　　学 习 活 动 （示 例）

分类	经验性学习		思考性学习	
	做	观察	个人	团队
直接的	现场实操	现场观摩	思考写总结	研讨
间接的	案例学习游戏、模拟角色扮演	故事（可来自电影、口述或文献）		

（4）形成课程大纲，如图 6‑9 所示。

（四）学习地图示例

【案例一】

某银行制定的学习地图如图 6‑10 所示。

【案例二】

"西门子卓越领导"管理培训在学习地图方法的指引下，以领导力模型为基础，以职业生涯发展规划为主轴，为管理人员设计开发了与发展节点相对应的学习活动。该项目由五个级别组成（S1～S5），各个级别的管理培训课程与

课程目标
(1) 了解不同沟通对象的特点。
(2) 根据不同沟通对象选择针对性的沟通方式和技巧。
　　　　课程内容
第一章 沟通对象
1. 沟通对象的类型
2. 不同沟通对象的特点
第二章 不同的沟通方式和技巧
1. 有哪些不同的沟通方式和技巧
2. 不同沟通方式和技巧的适用情况
3. 如何恰当的选择针对性的沟通方式和技巧
……

　　　　学习活动
集中授课、网络自学
　　　　学时：6 学时
……

图 6-9　课程大纲（示例）

受训员工的职能级别一一对应，例如接受 MC 课程的员工，其职能级别也在 S5 级。

S5 级面向具有潜在管理才能的员工，培训目的是提高被培训者的自我管理和团队建设能力，其课程组合是 MC，内容包括西门子公司及其愿景、价值观和目标、项目管理技巧和自我组织、团队建设和人际沟通、领导风格等。

S4 级面向高潜力的初级管理人员，培训目的是使被培训者具备初级管理的能力，其课程组合 AMC 内容包括平衡利益相关方、业务战略实施和团队授权等。

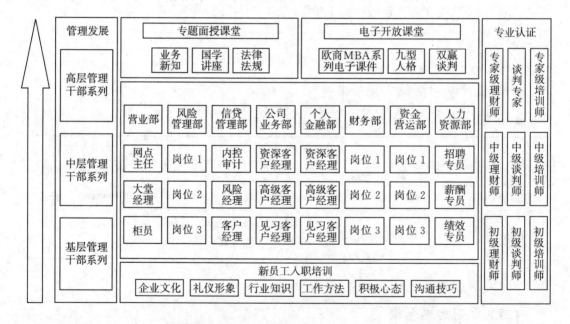

图 6-10　某银行学习地图示例

S3 级在亚太地区进行，用英文教学，面向负责核心流程或多项职能任务的管理人员，培训目的在于开发他们的企业家职能。课程组合 GMC 内容包括有效的企业家管理、行为管理、创新和变革管理、经营战略、领先的财务和股东价值等。

S2 级和 S1 级均在设在德国的西门子大学进行，用英文进行，面向担任重要职位的管理人员、负责全球性/地区性产品或服务的管理人员、负责两个以上职能部门的管理人员。其培训的目的在于提高他们的领导能力，其课程组合分别为：TMC，内容包括全球化、电子商务和新经济、领导力和回馈、企业文化和管理、组织战略和变革、地方化经营和文化差异管理等；CMC，内容包括人力与战略进程的结合、变革管理与永续经营等。

从 S5 级到 S1 级，所有的学习活动是混合式的，包括研讨会、远程教学、多媒体教学及参与实际项目等多种形式，持续时间为 5～10 个月，具体过程如图 6－11 所示。

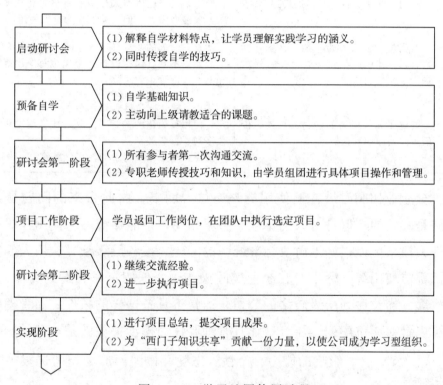

图 6－11　学习地图使用过程

第四节　基于胜任力的其他应用

一、基于胜任力的招聘与选拔

（一）招聘选拔的人才标准

企业中的招聘选拔如同娶媳妇，也要讲求门当户对，要与岗位互配，与层级相符。在操作中，可以将选拔条件分为硬性条件（如年龄、性别、学历、经验等）和软性条件（如分析能力、沟通能力、管理能力等），或者按照冰山模型，分为冰山之上的技能、经验层面，和冰山之下的能力、个性、态度、兴趣等。通常而言，企业在选拔中使用的标准工具主要有以下三种：岗位说明书、任职资格要求以及管理胜任力模型。三种招聘选拔标准的对比见表 6-8。

表 6-8　　　　　　　　　　三种招聘选拔标准的对比

工具	内　　　容	优、缺点
岗位说明书	对岗位职责进行了详尽的描述	优点：对目标岗位的职责进行详尽描述。 缺点：对岗位所需人员没有具体量化或质化的要求，仅能做参考，但是无法作为标准使用
任职资格要求	对岗位所需人员的年龄、性别、教育背景、知识、经验背景、技能要求进行了详尽的描述	优点：对人的要求详尽、全面，而且可量化。 缺点：不具有通用性，每个岗位每个层级都不尽相同，大部分企业不具备
管理胜任力模型	规定了岗位所需的能力、个性、价值观等层面的胜任标准	优点：对该岗位胜任所需的核心要素进行详细规定，使用行为化的描述，方便对应。模型可针对岗位序列、行业类别。 缺点：对于冰山之上的知识、经验没有做出规定

大部分企业招聘时最普遍使用的是岗位说明书，由此带来的问题是：对岗位的理解是一致的，但是对人的标准却各不相同，不能够统一。使用任职资格和管理胜任力模型可以很好地解决标准统一的问题，使各层级领导、用人部门及人力资源部都能使用统一标准。在企业实际操作中，任职资格针对到具体的岗位，在规模较大、岗位序列层级较多的公司，通常不具备这样的条件。而管理胜任力模型却可以针对岗位序列、层级，而且管理胜任力模型关注的是对绩效产生关键

```
┌──────────────┐
│   分解指标    │
└──────────────┘
        ↓
┌──────────────┐
│   确定等级    │
└──────────────┘
        ↓
┌──────────────┐
│   方法匹配    │
└──────────────┘
        ↓
┌──────────────┐
│   权重设置    │
└──────────────┘
```

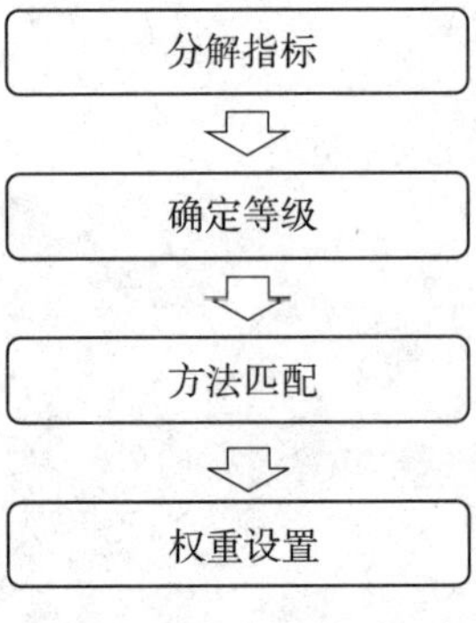

图 6-12　管理胜任力模型转化为评估模型的步骤

影响的能力、个性、态度等，因而成为招聘选拔中非常有效的标准工具。

管理胜任力模型要想在招聘选拔中使用，还需要进行一系列调整，经过指标分解、与测定方法匹配、权重设置等环节转变成一个评估模型，最终用来指导招聘选拔。

（二）由管理胜任力模型到评估模型

管理胜任力模型要转化为指导招聘的评估模型，需要进行如图 6-12 所示的几个步骤。

1. 分解指标

通常而言，管理胜任力模型包含了对绩效产生关键

影响的能力、个性、态度等因素。能力指标通常是与岗位职责密切相关的核心能力，如战略导向、商业敏锐性、关系管理等；个性指标通常是支撑其做好该职位工作的底层特征，也是支撑其具备实现职能核心能力的支撑指标，如开放性、灵活性、责任心等，也是决定一个人发展潜力的关键因素；除此之外，还有与一个人态度、价值观、品德、兴趣有关的一类指标，这类指标是这个职位上最重要的底线要求，同时也是一个人在这个岗位上能走多远的最终决定性因素。

管理胜任力模型所包含的指标类型见表6-9。

表6-9 管理胜任力模型所包含的指标类型

指标类型	特　点	示　例
能力	(1) 与职责密切相关。 (2) 通常可测，可培养	战略导向、商业敏锐
个性	(1) 与个性相关，关系到潜力的大小。 (2) 通常可测，后天可培养性差，最好择优劣汰	灵活性、开放性
态度	(1) 通常为价值观、品德性指标。 (2) 通常较难直接测量	正直、诚信

一般而言，管理胜任力模型都会包括这三部分，但是由于管理胜任力指标个性的限制以及文化宣导的需要，有些个性指标或态度指标隐含在核心职能类指标中，或者没有直接点出。在向评估模型转化时，就需要将这些指标分解出来，单独进行测量。管理胜任力模型指标分解示例如图6-13所示。

图6-13 管理胜任力模型指标分解（示例）

除此之外，还会存在因测评的目的不同，而格外重视某些类型指标的现象。如在年度考核中，对品德类指标的考核，如××公司总监级人员年终盘点方案中对"责任心、忠诚度、正直、诚信"的考察；又如关于培训发展导向的测评，则侧重分解具有可培养性质的指标，见表6-10。

表6-10　　　　　　　　　　某公司总监级人员年终盘点方案

测评指标及方法		模拟辩论赛 (1.5h)	团队管理沙盘活动 (1h)	公文筐测验 (1h)	心理素质、品德测评 (1.5h)
经营企业	战略眼光		★	★	
	科学决策	★	★	★	
运营管理	统筹规划	★	★	★	
	影响推动	★	★	★	★
团队管理	凝聚人心	★	★	★	★
	培养发展			★	
自我管理	开拓创新		★		★
	企业家风范	★	★		
品德素质	责任心		★		★
	忠诚感				★
	诚信				★
	正直				★

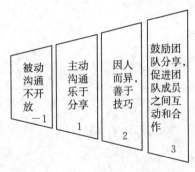

图6-14　有效沟通指标等级

2. 确定等级

一般而言，管理胜任力模型的每个指标有3~5个等级，在具体测评过程中，需要聚焦到该岗位所需胜任的等级，在此基础上选择合适的行为模式，并将行为模式与测评方法结合，进行有针对性的转化。以"有效沟通"为例，如图6-14所示。

例如：对人力资源主管的要求是等级2，相应在测评时，等级2即是测评的胜任标准，以此作为标杆进行评价；而对于人力资源总经理的有效沟通的胜任标准需要设定到等级 3。由于等级的不同，相应的评分标准也会存在差异。

3. 方法匹配

在分解完指标和确定等级之后，下一步就是匹配测评方法。在匹配测评方法时，需要注意以下几点：

（1）方法能不能测到指标？

（2）方法在多大程度上测量该指标？

（3）方法使用的简便性和成本？

（4）指标是否都被测评方法覆盖住？

（5）时间是否允许？外部环境及背部环境是否允许该方法的操作？

以上几个因素是在进行方法匹配时需要综合考虑的方面，当然进行匹配的基础首先是对指标、测评方法、流程具有系统的了解。匹配测评方法的原则如下：

（1）选择测评方法时，以测评准确作为首要选择标准，与此同时，要考虑到成本、时间、可操性等因素。

（2）每个指标最好匹配两种测评方法，一主一次，特殊情况也可以只用一种，或者使用其他测评方法作为参考依据。

（3）在匹配方法时，还需注重多方搭配。例如，以第三方的测评、组织内部的评价、互动中的反馈等方面，多方搭配，收集的信息更为全面。

4. 权重设置

在评估模型中，需要确定的权重涉及指标之间的权重和方法的权重。指标的权重定义了评估模型所测内容的侧重点，方法的权重定义了每个指标在多大程度上依靠哪些工具。通常而言，有以下几点总体原则：

（1）任何一个指标最高权重不要超过 50%，最低权重不要低于 5%；即不能让单一指标成为决定性因素，同时影响因子过小的指标可以考虑合并到其他指标中去或者去掉。

（2）在用两种方法进行测评时，一种方法的最高权重不能超过 70%，最低不能低于 30%；用三种及以上方法进行测评时，一种方法的最高权重不能超过 50%，最低不能低于 25%。

（3）对于有些方法只能提供参考信息，不适合进行分数权加，则标明参考性信息。

（4）最终分数的得出，首先根据方法的权重加权得出每一个指标的分数，然后根据指标之间的权重加权，最终得出总分。

指标权重设置样例见表6-11。

表6-11　　　　　　　　　　　指标权重设置（样例）

指　标	权　重	方法一	方法二	方法三
战略眼光	15％	60％	40％	0
科学决策	15％	60％	40％	0
统筹规划	15％	60％	40％	0
影响推动	15％	30％	30％	40％
凝聚人心	15％	30％	30％	40％
培养发展	15％	30％	30％	40％
企业家风范	10％	30％	0	50％

表6-11的评估模型的总分计算应该为：

总分＝战略眼光×15％＋科学决策×15％＋统筹规划×15％＋影响推动×15％＋

凝聚人心×15％＋培养发展×15％＋企业家风范×10％

其中：　战略眼光＝方法一得分×60％＋方法二得分×40％

科学决策＝方法一得分×60％＋方法二得分×40％

......

二、基于胜任力的薪酬管理

（一）基于胜任力的薪酬体系

1. 基于技能的结构

将员工的工资与其所获得的与工作相关的技能、能力及知识的深度和广度相关联。以技能为基础的结构根据员工可证明的技能来支付工资，而不依据他们所从事的工作要求的技能。工资与从事工作的人紧密关联，相对而言，基于职位的结构则根据员工被分配的工作来决定其工资，而不管他们具备什么样的技能。

2. 基于胜任力的结构

基于胜任力的薪酬体系是对传统薪酬体系的一次革命。传统的薪酬体系过分强调员工过去的绩效，以及员工所在岗位在企业中的重要程度，而忽略了能够创造绩效、增强企业核心竞争力的员工胜任力。在这种新的体系中，支付薪酬的依据是员工拥有的胜任力，即知识、技能、社会角色、自我概念、人格特质和动机/需要，薪酬增长取决于他们胜任力的提高和每一种新胜任力的获得。基于胜任力的薪酬体系实现了胜任力与报酬的匹配。

两种薪酬体系如图 6-15 所示。

（二）建立基于胜任力的薪酬体系

薪酬的应用流程主要分三步：确立薪酬框架；确定薪酬水平；调整薪酬水平。

1. 确定薪酬框架

胜任力与薪酬挂钩的方式有以下两种：

（1）直接挂钩。基本工资完全由胜任力的水平决定，即基本工资＝胜任力工资。

（2）基本工资部分由胜任力的水平决定，即胜任力工资在基本工资中占一定的权重，其他部分可由岗位或绩效决定。即薪酬 ＝$a\%$胜任力工资＋$b\%$岗位工资＋$c\%$福利津贴，各部分的权重由企业根据自身情况确定。

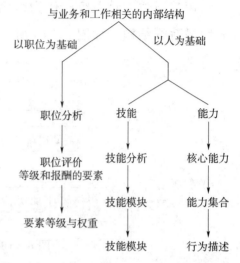

图 6-15　两种薪酬体系示意图

鉴于大部分公司目前的薪酬构成已经固化为固定工资、绩效奖金与福利三个构成成分，在第一步确立薪酬的框架时，主要有三种可以选择引入能力薪酬的操作方案：

（1）在固定工资中设立与能力素质直接挂钩的能力薪酬，岗位薪级由 IPE 决定，岗位薪档由个人与岗位任职资格（包括知识、经验、技能等）的匹配程度决定。

（2）在固定工资中设立与能力素质直接挂钩的能力薪酬，岗位薪级由 IPE 决定，岗位薪档由个人与岗位任职资格（包括知识、经验、技能等）以及能力素质要求的匹配程度共同决定。

（3）设立额外的能力素质浮动奖金，以进行明确的导向性激励。

由上述三种薪酬方案中，主要变动在以能力素质挂钩的能力薪酬部分，第一种方案将能力薪酬完全放在固定工资中，第二种方案将能力薪酬部分放在固定工资中，对于固定工资的这两种不同设定方案各有优劣，而浮动薪酬的设定并不与前两种设定方案相冲突，无论选择方案一或者方案二，均可选择是否使用方案三。

2. 确定薪酬水平

（1）方案一：在已有薪级与薪档之外设立额外的能力薪酬部分。

用某岗位的收入组成作为样例来分析能力薪酬如果作为固定薪酬的一个部分后的薪酬结构，如图 6-16 所示。

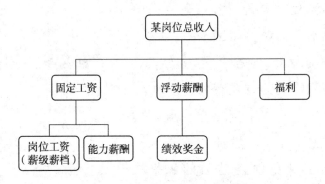

图 6-16　定薪方案一示意图

当能力薪酬作为固定薪酬的一部分时，并不意味着岗位工资与能力薪酬的地位相同。一般是在岗位分级的基础上进行能力薪酬分级，即能力薪酬等级低于职位薪酬等级。

而能力薪酬所占个人固定收入部分比例一般为 20%～50%，根据企业的具体激励导向有所变化。

（2）方案二：能力素质差异体现在薪档中，不额外设立能力薪酬部分。

用某岗位的收入组成作为样例来分析能力素质只作为岗位工资的一个核定维度，并不单独分配能力薪酬的情况下的薪酬结构，如图 6-17 所示。

方案二中，固定工资主要由薪级和薪档决定，而能力素质的不同将体现在薪档的差异上。

（3）方案三：设立额外的能力素质浮动奖金。

用某岗位的收入组成作为样例来分析，在方案二的基础上加入能力素质浮动奖金后的薪酬结构，如图 6-18 所示。

当设立能力奖金以后，并不代表绩效奖金与能力奖金的地位相同。对于企业来说，过程是为结果服务的，不论多强调过程，也不能失去对结果的追求。浮动收入部分与结果的关系更加紧密，因此这部分应该更直接与绩效因子挂钩。

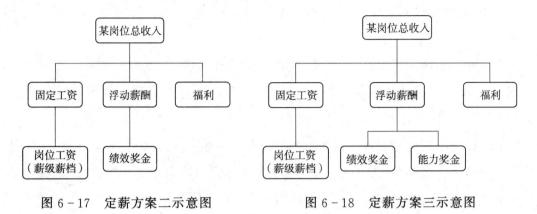

图 6 - 17　定薪方案二示意图　　　图 6 - 18　定薪方案三示意图

　　因此能力奖金更为确切的名称应该叫做能力发展奖金，所占个人浮动薪酬部分比例一般为 10％～30％，根据企业的具体激励导向有所变化。

　　3. 调整薪酬水平

　　（1）方案一：在已有薪级与薪档之外设立额外的能力薪酬部分。

　　能力素质并不是容易改变的，因此能力薪酬的调整一般一年进行一次。

　　能力薪酬的调整应该结合公司年度能力考核进行，公司可采用 360 度行为反馈系统进行操作。

　　调整依据年度个人在管理胜任力模型所要求的各能力素质项的综合表现，当考核出来的能力素质水平与前次考核的能力素质水平存在明显差异时，应该就能力薪酬水平进行调整，即根据新的能力素质与岗位胜任要求的匹配程度调整能力薪酬档级，同时允许跨级和跨系数调整。另外，入公司不满一年的或试用期内的员工不参与调整，除此之外不设特别调整申请通道。

　　（2）方案二：能力素质差异体现在薪档中，不额外设立能力薪酬部分。

　　薪酬的调整同样应该结合公司年度能力考核进行，公司可采用 360 度行为反馈系统进行操作。

　　在方案二中，薪酬的调整等于薪档的调整，而非薪级的调整。而薪档的调整应该遵循定薪时所使用的方程式重新进行计算，选择是否调整薪档。

　　（3）方案三：设立额外的能力素质浮动奖金。

　　当设立额外的能力素质浮动奖金以后，每年都应该对能力素质浮动奖金进行审核调整，因为能力素质浮动奖金是聚焦于1～2项能力的发展的，因此每年的变化会相对较大，需要及时的动态更新。一般来说，调整会遇到以下三种情况：

1）前一年该岗位员工针对能力奖金所要求发展的能力素质项均没有明显的发展，各员工在这些能力素质项上没有比之前更好的表现。这时应该继续选择聚焦于上一年所选择的1～2项能力。

2）前一年该岗位员工针对能力奖金所要求发展的能力素质项有一定的进步，但还是没有达到匹配的水平。这时应该在保留原有能力素质项的基础上选择性地加入1项新的指标，并降低原有指标的权重。

3）前一年该岗位员工针对能力奖金所要求发展的能力素质项有明显的提升，基本达到匹配水平。这时应该选择其他相对岗位胜任力要求较差的能力素质项作为奖金激励的目标。

三、基于胜任力模型的绩效考核

（一）绩效考核中的 KPI 与 KCI 比较

企业的绩效考核到目前为止共经历了四个发展阶段：第一阶段是表象性考核阶段，主要考核重点为员工的日常表现、工作纪律与工作态度；第二阶段为目标管理阶段，主要考核重点为部门与员工的工作计划和工作职责；第三阶段为关键绩效指标考核阶段，主要通过为考核对象设置关键绩效指标（KPI）来进行考核；第四阶段为关键绩效指标与关键能力指标相结合阶段，除了对 KPI 进行考核之外，还对人力资源管理胜任力（KCI）进行考核，即对考核对象的高绩效达成的关键胜任力指标的评定，通过工作行为评定把能力、个性、动机、态度等进行量化和定性，最终使得反映绩效的过程影响因素可控、可观察、可培养。也就是说，KCI 的考核是建立在管理胜任力模型的基础之上的。

从实际经验来看，以计划体系为基础的 KPI 考核迫使考核者与被考核者都要以结果为重，业绩考核常常忽视"过程"，或过于侧重"结果"，这使得 KPI 考核带有一定的片面性。KCI 的考核增加了对过程的考察，例如对销售工程师的考核，除了要考核他们的业绩完成情况之外，还需要考察对实践操作是必要或关键影响因素的方面，如"能否通过自己的开拓能力而对企业经济效益做出较大贡献"等方面的能力。KCI 考核还可以帮助管理者及时发现人才，这是 KPI 考核做不到的。KCI 考核可以及时发现被考评者所具备的其他特长，从而通过培训和岗位轮换，将其安排到更合适的岗位上，这样既能保证不浪费人才，还能保证业绩目标的实现。

KPI 引导人们重实效、重实绩，积极有所作为；KCI 则引导人们注重个人的全面发展和团体协作。前者是对"事"的考核，强调"做事"；而后者更重视"人"的存在，是对"做人"的认可。后者无疑是更加人性化的管理工具。KPI 主要与工资、奖金挂钩，即与利益分配挂钩。比如每月进行的业绩考核应当与浮动工资、月奖金挂钩，在同样职位上，广义的"业绩"应是决定分配的唯一标准，这样才能体现多劳多得的公平原则。而 KCI 主要与人员任用、干部提拔挂钩。人员任用、干部提拔不但要看有关人员的"业绩"，而且要以素质考评为依据，不能以业绩为唯一依据，业务能力强不等于管理能力强，业务员不能因其业绩好就当经理。KPI 偏重于解决薪酬的公平性，而 KCI 偏重于如何用好人，二者各有侧重，只有将二者结合起来，才能全面统筹好薪酬与职称的关系。

（二）绩效考核中的 KPI 与 KCI 的结合

KPI 与 KCI 应当如何结合，并没有标准的答案，要根据企业和行业特点、业务特征、不同层级、不同职能的要求来进行区分。

通常而言，有以下三种类型：

（1）方案一：即完全以结果论英雄。完全以结果为导向的考核存在的风险在于，能力态度不计入绩效分数。这样员工就不会关注能力态度要求的行为，可能会使员工为达目的不择手段。

（2）方案二：公司给员工传达的信息是更看重员工的工作结果，但是也关注达成结果的过程。这个方案更适用于一些基层的员工。一方面，业绩的比重要高于能力的比重；另一方面，它跟方案一的区别在于其同时关注员工达成结果的过程。这一方案适用对塑造品牌形象、公司品质比较看重的公司。

（3）方案三：公司给员工传达的信息是更看重员工达成工作结果的过程，这种方案对于管理人员或者研发类人员更为适用，因为他们的很多工作不能单纯用结果来评价，工作过程更重要。

各考核方案对比见表 6 - 12。

表 6 - 12 各考核方案对比

方　案	KPI	KCI
方案一	100%	只反馈不计入总分
方案二	70%～80%	20%～30%
方案三	50%	50%

此外，从层级上来看，随着层级的升高，对结果的要求会越来越重，反之，对于中基层员工，强调结果之外，也同时强调过程中的能力、态度。各层级考核方案对比见表 6 - 13。

表 6 - 13 各层级考核方案对比

层级	KPI	KCI	意　义
高层	90%	10%	(1) 重点关注财务、运营指标，以确保公司的生存和发展。 (2) 重点关注学习、团队、客户指标，以确保公司的可持续发展
中层	70%	30%	(1) 重点关注任务指标，确保工作高效率。 (2) 重点关注过程控制指标，确保工作的高质量
普通员工	50%	50%	(1) 重点关注过程控制指标，保证工作的高质量。 (2) 重点关注态度指标，注重发展潜力

除此之外，不同行业也存在着一定的差异，在市场化程度高、业绩驱动型的企业中，KCI 占较低比重（通常为 20%～30%）；相对而言，在垄断型企业，KCI 的比重会提高（通常为 30%～50%）。例如：某垄断型能源企业对部门主管的考核如图 6 - 19 所示。

又如，某市场竞争型企业对部门主管的考核如图 6 - 20 所示。

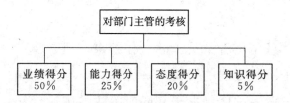

图 6 - 19　某垄断型能源企业对部门主管的考核

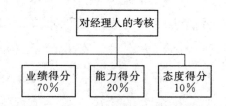

图 6 - 20　某市场竞争型企业对部门主管的考核

在更为细化的考核方案中，不同部门、总部与下属子分公司也可以在 KPI 与 KCI 的权重上做出区别。除了权重存在差异，对于 KCI 所考核的内容，则是体现差异的重要方面，这也是管理胜任力模型针对不同层级、不同职能部门，以及在不同的战略要求下企业对人员的不同要求。

（三）KCI考察

1. 考察内容

构建了管理胜任力模型的企业，通常会采用管理胜任力模型的指标作为考核指标，在央企、国企中，有相关部门下发的对领导人员的考核文件，也可以作为企业考核领导人员的标准。如通过分解某企业"四好班子"的考核要求，可以得到一系列的考核指标，见表6-14，图6-21。

表6-14　　　　　　　　　某企业"四好班子"考核指标（样例）

四好要素	指标名称	定　义	评价、行为、定义
政治素质好	理想信念	在思想上、政治上、行动上与党中央保持高度一致，能够坚持解放思想、实事求是、与时俱进，结合××企业的实际情况，对企业发展前景充满信心	具有较高的理论水平和正确的价值观，对企业前景充满信心，敢于设定挑战性目标
	政策贯彻	坚决贯彻执行党的路线方针政策，认真贯彻落实总公司或上级的决策和部署	领会总公司或上级的政策及精神，坚决贯彻相关制度及决议
	倡导学习	积极参加及组织各种学习培训，不断提高理论素养和业务能力，做到理论学习和业务学习的系统性、针对性强，运用理论指导工作富有成效	重视学习及培训，主动组织或参加有针对性的学习，不断提高理论素养和业务能力
	全局观念	顾全大局，坚持局部利益服从整体利益，配合总公司或上级进行工作安排	对全局、大局有所理解，必要时愿意做出妥协，配合总公司或上级进行工作安排
	重视党建	重视党建工作，发挥党组织在企业领导中的政治核心作用，为××企业的发展保驾护航	党组织对下级工作指导到位，发挥保驾护航的作用，关键时刻发挥党组织的作用

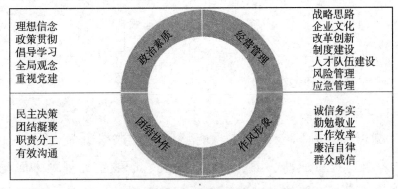

图6-21　某企业"四好班子"考核指标

除外之外，还可以根据工作岗位的职责要求和企业要求，提取最为关键的态度、能力指标，作为能力考核的重点，见表 6-15。

表 6-15 关键能力和态度的考核指标

能力类别	指　　标
能力类	领导、规划、决策、学习、创新、培育下属、协调
态度类	团队、诚信、敬业

2. 考察形式

KCI 考察形式如图 6-22 所示。

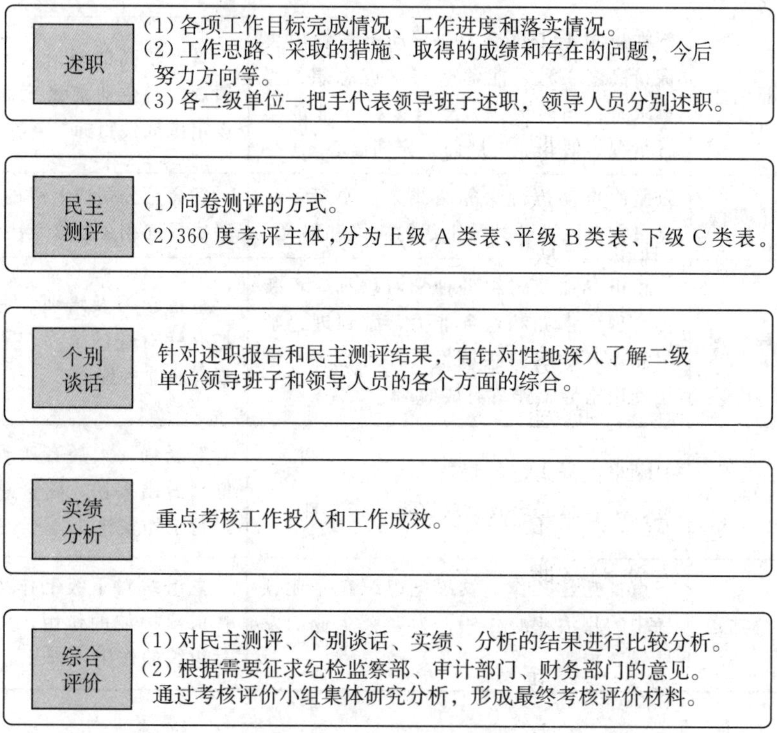

述职	(1)各项工作目标完成情况、工作进度和落实情况。 (2)工作思路、采取的措施、取得的成绩和存在的问题，今后努力方向等。 (3)各二级单位一把手代表领导班子述职，领导人员分别述职。
民主测评	(1)问卷测评的方式。 (2)360度考评主体，分为上级 A 类表、平级 B 类表、下级 C 类表。
个别谈话	针对述职报告和民主测评结果，有针对性地深入了解二级单位领导班子和领导人员的各个方面的综合。
实绩分析	重点考核工作投入和工作成效。
综合评价	(1)对民主测评、个别谈话、实绩、分析的结果进行比较分析。 (2)根据需要征求纪检监察部、审计部门、财务部门的意见。通过考核评价小组集体研究分析，形成最终考核评价材料。

图 6-22 KCI 考察形式

在目前的 KCI 体系中，对能力的考核主要采取的形式有听取汇报、民主调研以及 360 度评估等形式。

3. KCI 的应用

将 KCI 数据纳入到绩效考核中，能够使绩效数据更为全面，在绩效数据用于员工的晋升、岗位变动、工资调整、培训、职业生涯规划方面时，既能够结合当前业绩状况，又能兼顾其能力素质和发展潜力。在两者结合使用时，最为经常使用的工具即是业绩—潜力九宫格，如图6-23所示。

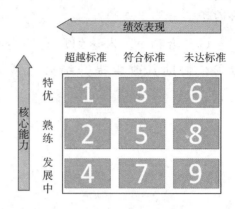

图 6-23　业绩—潜力九宫格

（1）方格1。组织中的超级明星，不论是现有职务的绩效表现，还是未来潜能的发展，都表现出非常优异的成果和学习潜能。因此，应为此方格内的人才在极短时间内安排合适的新职务，使他们获得迅速晋升。

（2）方格2。在现有职务上表现优异，也展现出能够承担相同层级内更大职责的潜力。对于这类人才，应着重加强培育他们具备上一层级发展所需的核心能力，以激发其展现更多潜能。

（3）方格3。符合现有职务的绩效标准，并展现出较高的潜能，未来可以往上晋升。对于这类人才，发展的重点应针对其优势，指派给他们更具挑战性的任务，或通过安排他们从事多样性的工作，以鼓励其展现出更好的绩效成果。

（4）方格4。在现有职务上表现优异，并能在类似的工作范畴内扮演不同角色。例如：经验丰富的专业人员对组织具有极大的价值，不仅能协助培训内部员工，也能在公司刚成立或者面临突然转变情况下提供所需的专业技能。此方格的人才培训重点应该放在持续提升其核心能力上，以应对未来的挑战。

（5）方格5。达到现有职务的绩效标准，也有机会尝试承担相同层级内较大的职责，因此发展的重点将根据这类人才的潜能发展趋势来决定是否赋予更有挑战性的任务，或者强化现有的绩效表现。

（6）方格6。最近一年内刚从方格1~3晋升上来的人才。先前的绩效表现足以证明他们有潜力晋升到此一层级职务。但面对新职务更高的绩效要求标准，他们仍在调适或者重新设定目标，因此接下来的发展重点应是尽快教导、强化，使其绩效提升达到此职务的要求标准。

（7）方格7。达到现有职务的绩效标准，但应与其共同制定挑战性目标，并要求在既定时程内有效提升其核心能力。

（8）方格8。达到部分该层级要求的绩效标准，但有些部分明显未达到要求。落差主要来自于尚未具备新职务所需要的技能，以及长期以来能力未被提升改善。

（9）方格 9。未达到现有职务绩效标准。若不是意愿上或能力上的问题，应协助其改善提升绩效；或者协助转调其他合适的职务或转职其他公司。